저속 혁명의 경제사

최초의 산업국가 영국을 만든 혁명들, 17~19세기

저속 혁명의 경제사

최초의 산업국가 영국을 만든 혁명들, 17~19세기

초판1쇄 인쇄 2025년 7월 7일
초판1쇄 발행 2025년 7월 14일

저 자 송병건

발행인 노현철
발행처 도서출판 해남

출판등록 1995. 5. 10 제 1-1885호
주 소 서울특별시 마포구 마포대로8길 9 영명빌딩 405호
전 화 739-4822
팩 스 720-4823
이 메 일 haenamin30@naver.com
홈페이지 www.hpub.co.kr

ISBN 978-89-6238-204-4 93320

저속 혁명의 경제사

최초의 산업국가 영국을 만든 혁명들, 17~19세기

송병건 지음

도서출판 해남

머리말

표지 그림에 담긴 단서들

이 책의 표지는 영국에서 19세기 전반에 제작된 로버트 시모어의 「지성의 진군」이라는 그림을 싣고 있다. 무엇인가 대단히 격변이 일어나고 있는 장면이다. 증기기관으로 작동하는 로봇이 빗자루를 들고 전통 복장을 한 인물들과 그들이 작성한 문서들을 힘차게 쓸어 내고 있다. 당시가 영국에서 한창 산업혁명이 진행되던 시기라는 것을 고려한다면, 이 그림은 아마도 새로운 기술이 등장해 구식 사회질서와 관습을 일거에 청소해 버리는 모습을 묘사한 것 같다. 즉, 새로운 기계문명이 구체제를 소탕하는 '혁명'의 순간처럼 보인다.

좀 더 자세히 보면, 로봇의 머리는 여러 권의 책이 쌓인 모습을 하고 있다. 역사, 철학, 기계공학 등의 제목이 얼핏 보인다. 머리 위에 얹혀 있는 왕관은 런던대학의 건물 모습을 띠고 있다. 새로운 지식의 축적이 로봇을 조종하는 동력임을 말해 주는 것이리라. 두 눈은 가스 랜턴의 형태를 띠고 있는데, 활활 타오르는 불빛은 '개혁'의 열기를 나타내고 있는 게 아닐까? 로봇은 당당히 소리치고 있다. "내가 간다, 내가 간다!"

소탕의 대상으로 묘사된 인물들도 자세히 살펴보자. 가발과 검은 의복을 입은 의원들이 대부분이고, 주변에 낡은 법령과 지체된 법안들이 널려 있다. 총을 쏘고 있는 돌팔이 의사도 보이고, 위쪽에는 높은 임대료와 십일조에 짓눌린 여성도 있다. 빗자루 끝에 달린 인물은 당시 개혁가로 이름이 높았던 헨리 브루엄(Henry Brougham)이다. 1832년 의회 개혁과 1833년 노예무역 금지법 제정에 중요한 역할을 하였던 정치가이다. 이 모든 단서를 종합해 보자면, 이 그림은 바야흐로 낡은 시대가 빠르게 저물고 새로운 시대가 힘찬 발걸음으로 다가오는 혁명적 변화의 장면을 묘사하는 것 같다.

시대적 배경

표지 그림에 대한 이 해석은 얼마나 시대상에 부합하는 것일까? 이 그림은 실제로 혁명적 변화를 찬미할 목적으로 제작된 작품일까? 산업혁명 시기 영국은 경제뿐 아니라 사회 전반에서 중대한 변화를 경험하고 있었다. 사회가 어떤 방향으로 흘러가고 있는지, 사회 질서는 어떤 변화를 맞을지, 그리고 다가올 미래에 대해 사회는 어떤 준비를 해야 할지를 두고 논의가 분분하였다. 특히, 19세기 전반에 '지성의 진군'을 둘러싸고 사회 구성원들 간에 논쟁이 뜨겁게 전개되었다.

시대적 흐름을 보자. 유럽 전역에서 신의 의지를 중심에 놓았던 중세적 분위기가 사그라들고 인간의 합리적 사고를 강조하는 계몽주의가 새로운 시대적 흐름으로 등장하였다. 여기에 과학혁명이라는 도도한 힘이 유럽 곳곳에서 분출하였고, 연역과 귀납, 관찰과 실험을 통해 세상의 진리에 가까이 갈 수 있다고 믿는 사람들이 눈에 띄게 늘어났다. 그리고 계몽주의와 과학혁명이 결합하면서, 합리성이 현실 세계에서 인간의 복리를 증진할 수 있다는 관념이 뿌리를 내리기 시작하였다. 오늘날 학계에서 '산업계몽주의'라고 부르는 사조가 바야흐로 영국에서 세계 최초로 산업혁명이 전개될 토양을 마련하고 있었다.

지성의 진군

「지성의 진군」 논쟁은 이런 시대적 변화를 배경으로 펼쳐졌다. 새로운 시대는 새로운 지식의 축적과 새로운 교육의 필요성을 요구하기 마련이었다. 산업혁명에 다가가고 있었던 영국에서 이런 움직임이 가장 뚜렷하게 나타났다. 변화가 가속화되기를 원하는 이들은 공공도서관을 건립하고, 기술 잡지와 팸플릿을 출간하고, 대중적 과학 강연을 개최하였다. 더 많은 사람이 더 쉽게 혁신의 시대를 받아들이기를 원하였기 때문이다. 중산층과 노동자층 중에서는 지식과 교육이 계층 상승의 길을 열어 줄 것이라 기대하기도 하였다.

하지만 지식과 교육의 확산을 사회의 모든 구성원이 반긴 것은 아니었다. 지배층에 속한 사람들은 새 지식과 교육이 대중에게 지나친 기대를 품게 만들고 사회의 전통적 위계질서를 약화시킬 것이라 우려하였다. 이들에게는 지식을 독점적으로 보유한 엘리트가 대중을 교화하고 이끌어 가는 사회가 바람직하다는 보수적 인식이 견고하게 자리 잡고 있었다. 전례 없는 변화가 휘몰아친 시대에 인식의 충돌은 불가피하였다.

'지성의 진군 논쟁'은 이런 사회적, 사상적 마찰과 갈등이 표출된 사례였다. 앞에서 살펴본 그림은 혁신이 바람직하다는 내용을 담은 작품이 아니었다. 진보가 속도감 있게 진행되면 좋겠다는 바람을 담은 그림이 아니라, 정반대로 너무 빠르게 전개되는 변화가 사회를 불안정하게 만들고 그간 사회가 쌓아 올린 수많은 성과를 순식간에 파괴할 수 있다는 우려를 담은 그림이었다. 휘몰아치는 혁신의 돌풍이 심각한 부작용을 초래할 수 있다는 우려를 담은 풍자화인 것이다.[1]

그림을 어떻게 해석할 것인가와 별도로, 이 그림은 역사적 전환기에는 늘 상충하는 기술, 집단, 사상, 문화가 있었다는 점을 상기시켜 준다. 산업혁명 시대에는 기술적 변화만 있었던 것이 아니라, 이해관계가 다른 집단, 세계관이 다른 사상, 계급적 기반이 다른 문화 사이에 양립하기 힘든 대립이 있었다는 의미다. 즉, 시대적 이행은 이질적 요소들 사이의 총체적인 충돌을 통해 진행된다.

1 당시에 「지성의 진군」이라는 제목으로 여러 그림이 발표되었는데, 특히 지나치게 빠른 기술진보가 교통사고를 포함한 다양한 재해를 초래할 것이라고 풍자한 작품이 많았다.

이 그림이 일깨워 주는 또 다른 시사점은 사회의 각 부문이 매우 밀접하게 연결되어 있다는 사실이다. 신기술을 체화한 로봇을 움직이는 주체는 새롭게 형성된 지식이고, 로봇이 사용하는 빗자루라는 정책 도구는 정치가의 개혁적 사상의 영향을 받는다. 로봇이 청소하는 대상은 낡은 기술만이 아니라, 오래된 법률과 제도와 관행을 포함하는 구체제의 운행 원리 자체이다. 이렇듯 다층적이고 종합적인 관점에서 역사를 돌아보아야 그 시대에 대해 제대로 이해할 수 있다.

다양한 혁명들

영국은 근대 세계사에 뚜렷한 발자취를 남긴 국가다. 중상주의 초기까지만 해도 영국은 유럽의 변방으로 치부되는 수준에 머물렀지만, 그 이후 수 세기에 걸쳐 지속적인 발전을 거듭하였다. 그리고 마침내 18세기 중반에 세계 최초로 산업혁명이라는 거대한 역사적 전환을 이루는데 성공하였다. 산업혁명이 낳은 가장 중요한 역사적 변화는 사람들의 평균적 생활 수준을 눈에 띄게 높였다는 점이다. 더 많은 인구가 더 높은 소득을 누리는 사회가 만들어진 데에는 산업혁명의 기여가 가장 크다. 영국이 19세기와 그 너머에 걸쳐 세계적 영향력을 행사할 수 있었던 이유가 바로 산업혁명에 있다. 오늘날을 규정하는 용어로 4차 '산업혁명'이라고 부르는 데에서도 산업혁명의 중요성을 새삼 확인할 수 있다.

산업혁명은 단지 공업 부문의 기술 변화와 경제 성장만을 의미하지 않는다. 다른 경제 부문들과 상호 작용이 매우 중요하다. 농업과 상업이 그렇고, 금융업과 기업 구조도 그렇다. 정부도 마찬가지다. 이 모든 부문이 산업혁명에 직간접적 영향을 끼친다. 과거에 경제사학자들이 공업화의 '선행 조건'이라고 강조하였던 요인들, 그리고 산업혁명이 '연쇄 효과'를 보여 준 부문들이 모두 이런 상호 작용의 중요성을 말해 준다.

따라서 우리가 영국의 산업혁명에 대해 이해하려면 사회와 경제의 다른 부문에서 발생한 '혁명적' 변화들을 함께 고려해야 한다. 시기적으로는 17~19세기 후반에 이르는 긴 기간을 포괄하는 게 바람직하다. 이 책은 바로 이런 관점에서 저술되었다. 역사가들이 '혁명'이라는 용어를 붙인 여러 분야의 다양한 변화를 하나씩 살펴보고, 이들이 산업혁명과 어떻게 관련되는지를 찬찬히 생각해 보는 게 이 책을 쓴 의도이다.

이 책에서 살펴볼 '혁명'들은 다음과 같다. 금융혁명, 농업혁명, 지식혁명, 정부혁명, 제도혁명, 기술혁명, 기업혁명이다.[2] 구체적으로 우리가 풀어 보고자 하는 주요 질문은 이렇다. 18세기 초 금융공황은 어떤 영향을 초래하였나? 농업 생산력은 언제 얼마나 변화하였나? 산업

2 17세기 시민혁명, 즉 절대주의 왕정 체제에서 부르주아지 시민 계급으로 정치적 권리가 이양된 사건도 중요하다. 이 책은 '경제적' 혁명에 초점을 맞추었기 때문에 시민혁명은 논의에서 배제하기로 하였다.

계몽주의는 사람들의 사고를 얼마나 바꾸었나? 국가의 통치 방식은 어떻게 변화하였나? 특허 제도는 경제 발전에 얼마나 기여하였나? 산업혁명 시기 영국이 기술을 선도하게 된 요인은 무엇일까? 주식회사 제도는 왜 도입이 지연되었나?

혁명인 듯 아닌 듯

책을 쓰면서 마음속에 걸리는 부분이 있었다. 일곱 가지 '혁명'을 다룬다고 하였는데, 우리가 살펴볼 변화들에게 '혁명'이라는 용어가 타당할까? '혁명'이란 게 무엇인가? 기존의 질서가 급속한 변화를 거쳐 속성이 크게 다른 질서로 바뀌는 과정이 아닌가?

그런데 영국에서 발생한 많은 변화는 세계사적 기준으로 보자면 대체로 변화가 오랜 시간에 걸쳐 발생하였거나, 변화의 영향이 즉각적으로 발생하지 않았거나, 변화의 결과가 완결적이지 않았던 사례가 많다. 일부 사학자들은 '혁명'이라는 용어가 적절하지 않다고 판정하기도 한다.

하지만 '혁명성'은 변화의 속도만이 아니라 변화가 유발한 새로운 상황이 과거와 얼마나 질적으로 달랐나, 즉 변화가 '구조적'이고 '단절적'이었는가라는 기준으로도 평가되어야 한다. 오래 걸리고 시행착오가 많고 철두철미하지 않은 변화이어도 그것이 가져온 결과가 질적인 변화를 수반하였다면 '혁명'이라고 부를 수 있다는 게 내 생각이다. 이 책의 제목을 '저속 혁명의 경제사'라고 붙인 이유다.

감사의 마음

이 책을 준비하면서 그간 출간하였던 여러 논문과 책을 널리 활용하였다. 이 책의 주제에 맞도록 기존 글의 내용을 간추리고, 가독성을 높이기 위해 소제목을 따로 붙였다. 부족하다고 생각한 부분에는 새로운 내용을 추가하여 논지를 강화하였고, 참고문헌도 대폭 보완하였다. 이 과정을 통해 초점이 달랐던 논문들이 잘 꿰어져 한 권의 완결된 책으로서 모양을 갖추기를 바랐다.

책을 출간하기까지 도움을 주신 분들이 많다. 경제사를 전공하는 많은 학자분의 논의가 직간접적으로 큰 도움이 되었다. 특히 2023년에 경제사학 회장을 하는 동안 그분들 덕분에 경제사를 더 폭넓게 생각하는 기회를 가질 수 있었다. 직장 내 동료 교수님들도 여러 기회를 통해 소중한 인사이트를 주셨다. 도서출판 해남의 노현철 대표님과 편집진은 흠결 많은 원고를 격조 있는 책으로 솜씨 있게 탈바꿈해 주셨다. 이 모든 분께 감사한다. 마지막으로, 곁에서 늘 힘이 되어 준 가족에게 고마움을 전한다.

혜화동 연구실에서 송병건

차례

1

제1장 금융혁명

'남해회사' 거품은 경제에 파국을 초래하였나?

1. 남해회사 거품을 바라보는 시각
2. 남해회사의 성격
3. 남해회사의 주가 변동
4. 비이성적 투기 논란
5. 남해회사 거품의 유산
6. 맺는 글

1. 남해회사 거품을 바라보는 시각

금융화와 버블

현대 경제의 중요한 특징 중 하나는 경제 전체에서 금융 부문이 차지하는 비중이 높아지는 현상, 즉 금융화(financialization)라고 불리는 양상이다. 영국을 포함한 서구의 주요 국가들은 1980년대 이래 가파른 속도로 금융화를 경험하였다.

금융화된 경제는 기존 경제에 비해 변동성이 큰 경향이 있다. 그래서 현대 경제는 과거보다 빈번하게 투기 과열과 거품 붕괴를 경험하게 되었다. 1991년의 일본 자산 거품, 1995~1999년의 닷컴 버블, 1997년 시작된 아시아 금융위기, 1998년 러시아의 금융위기, 그리고 2007년 미국의 서브프라임모기지 사태로부터 시작된 글로벌 금융위기까지 지구 곳곳에서 대규모 금융공황이 쉴 틈 없이 발생해 왔다.

남해회사 사건

금융공황이 발생할 때마다 빠지지 않고 논의에 등장하는 사례가 1720년 영국에서 발생한 남해회사(South Sea Company)의 거품 붕괴다.[1]

1 Hoppit(2002), p. 141. 1630년대 네덜란드에서 발생한 '튤립 거품'(Tulip Bubble)과 1720년에 프랑스에서 발생한 '미시시피 거품'(Mississippi Bubble)도 초기 금융공황으로 자주 등장하

초기 주식회사의 대표적인 사례인 남해회사는 정부의 승인을 얻어 스페인령 중남미 무역을 독점적으로 수행할 권한을 지닌 기업이었다. 이 회사가 1720년 투기 과열로 인해 단기간에 주가가 폭등하였다가 거품이 붕괴해 수많은 피해자를 낳았고, 또한 영국 경제에 치명적 타격을 안겨주었다는 게 대체적인 내용이다. 남해회사 거품은 사람들의 비이성적인 '이상 과열'(irrational exuberance), 즉 합리적으로 판단하지 않고 군중심리에 휩쓸려 투기 광풍에 뛰어든 행동의 결과로 발생한 대참사였다는 것이다. 남해회사 거품을 묘사하는 용어로는 이상 과열 이외에 '대중의 광기'(madness of crowds), '군집 행위'(herding behavior), '전염 효과'(contagion effect) 등이 있다. 모두 비이성적 심리와 행동이었다는 점을 강조한다는 데 공통점이 있다.[2]

최근 집단지성에 기초한 새로운 유형의 백과사전으로서 막대한 영향력을 갖게 된 '위키피디아'(Wikipedia)에 수록된 설명을 보자. 이에 따르면, 당시 유럽 열강이 반복적으로 전쟁을 벌이던 상황에서 남해회사가 무역을 순조롭게 증대시킬 "현실적 가능성은 없었고", 남해회사가 실질적으로 "독점을 통해 상당한 이윤을 얻은 적이 전혀 없"다. 여기에 더해 여러 종류의 부당한 거래 수단과 편법들이 등장한다. 회사를 설립한 인물들은 내밀한 정보를 이용해 내부거래를 하였다. 정치가들에게 뇌물을 공여해 회사에 유리한 입법이 수월하게 이루어지도록 만들었

는 사례다.

2 '이상 과열'은 미국 연방준비위원회 의장이었던 앨런 그린스펀(Allen Greenspan)이 사용한 용어로, 로버트 실러(R. J. Shiller)의 *Irrational Exuberance*(2000) 출간을 계기로 학계에서 널리 수용되는 용어가 되었다.

다. 회사의 명성을 높이거나 회사 홍보에 도움이 될 것으로 보이는 특정 인물들에게는 주식을 직접 제공하거나 주식을 구매할 자금을 빌려주었다. 그리고 대중, 즉 개미투자자들이 주가 상승에 대해 높은 기대를 품게 할 목적으로 "현실성이 제한적이었음에도" 중남미 무역이 가져다줄 이익을 과장되게 홍보하였다. 실제 이루어진 유일한 무역은 노예무역이었는데, 여기서 회사는 별다른 이윤을 내지 못하였다. 마지막으로, 이러한 남해회사의 거품 붕괴로 "국가 경제가 크게 위축"되는 결과가 발생하였다.[3]

이렇듯 남해회사 거품은 비합리적인 투기 열풍이 빚어 낸 참사의 대표적 사례로서 언급이 되어 왔다. 경제적 기초(fundamental)가 뒷받침되지 않은 채 커 가는 주식시장은 사상누각에 불과하였고, 주가 거품은 붕괴로 이어질 수밖에 없었고, 거품 붕괴로 인해 투자자들과 국가 경제에 커다란 손실이 발생하였다는 것이다.

재평가의 필요성

거품 붕괴 이후 사태의 원인에 대해 의회가 조사를 진행하였다. 뇌물과 부패가 확인되었고, 회사 주요 경영자들의 재산이 몰수되었다. 1720년 거품이 붕괴하기 직전에 의회는 더 이상의 거품이 출현하는 것을 방지하기 위해 이른바 「거품법」(Bubble Act)을 제정하였다. 이 법은

3 'South Sea Company'(https://en.wikipedia.org/wiki/South_Sea_Company: 2025/1/23).

100년이 더 지난 1825년이 되어서야 폐지된다. 따라서 이때까지 영국 경제는 주식회사 제도에 의존하지 않은 채 산업혁명이라는 역사적 과정을 경험할 수밖에 없었다는 것이 남해회사 거품을 바라보는 일반적 시각이다.[4]

과연 남해회사에 대한 이런 평가는 정당한 것일까? 남해회사 거품에 대한 이런 평가가 당시의 역사적 상황을 제대로 반영한 것인지에 대해 재검토할 필요가 있다. 특히 이 연구는 다음과 같은 몇 가지 측면에서 남해회사 사태를 돌아보고자 한다. 첫째, 남해회사는 통상의 민간 주식회사와 성격이 같았을까? 둘째, 남해회사의 주가 상승이 당시 주식시장의 상황에 비추어 볼 때 예외적으로 과열된 수준이었을까? 셋째, 남해회사에 대한 투자를 비이성적인 행위라고 판정할 수 있을까? 넷째, 남해회사 거품 붕괴로 인해 기업, 금융 제도와 국가 경제가 엄청난 타격을 입었을까?

이 질문들에 대한 논의를 통해 남해회사 거품에 대한 통상의 비판이 지나치게 가혹하며, 비이성적 투기 열풍의 전형적 사례로 치부하는 인식이 재고되어야 한다고 강조하고자 한다.

4 이런 평가의 확산에 기여한 대표적 연구로는 Carswell(1960); Dickson(1967); Dale(2004); Kindleberger and Aliber(2005). 거품법 폐지와 주식회사 제도의 도입에 관해서는 송병건(2008c), pp. 187~211.

2. 남해회사의 성격

설립 준비

남해회사가 지닌 기본적 성격은 회사의 설립 과정을 통해 파악할 수 있다. 남해회사는 1710년에 재무장관(Chancellor of Exchequer)으로 임명된 토리당(Tory Party)의 로버트 할리(Robert Harley)의 주도로 이듬해인 1711년에 설립되었다.[5] 1710년 소집된 의회는 정부 재정의 악화 문제를 해소할 방안을 심각하게 논의하였다.

그간 정부의 각 부처는 중앙은행의 지위를 지닌 영란은행(Bank of England)을 통해 개별적으로 필요한 자금을 외부에서 차입하여 조달해왔다. 그러니 국가 부채의 정확한 규모를 파악하는 게 쉽지 않았다. 특히 프랑스와 전쟁을 치르면서 국채가 크게 증가하는 상황이 되자, 정확한 부채 규모를 파악하고 이를 어떻게 처리할지를 논의하는 작업이 급선무로 떠올랐다.[6] 할리는 정부의 재정 상태에 대한 정보를 지속적으로 공표하면서 이 사안의 중요성을 강조하였다. 그 결과로 1711년 1월 하

5 남해회사의 정식 명칭은 'The Governor and Company of the Merchants of Great Britain, Trading to the South Seas and Other Parts of America, and for the Encouragement of Fishing'이었다.

6 이 시기는 세계적으로 '군사혁명'이 발생하고 그에 따라 정부 재정이 심각한 압박을 받은 기간이었다. 군사혁명의 개념과 역사적 의의에 관해서는 이내주(2004), pp. 64~71; 이내주(2006), p. 37. 영국의 군사혁명이 정부 재정에 끼친 영향에 관한 권위 있는 저서로는 Brewer(1988).

원에 이에 대한 조사위원회가 설립되었다. 조사위원회는 정부의 상환 여력이 없는 부채가 총 900만 파운드에 이른다는 충격적인 조사 결과를 발표하였다. 금융개혁은 정가의 뜨거운 이슈로 부상하였다.

해결의 방향

할리는 금융가 존 블런트(John Blunt)와 함께 이 문제를 해결할 방안을 모색하였다.[7] 해결책의 핵심은 새로 기업을 설립해 정부의 부채를 이 기업의 주식으로 전환하는 것이었다. 이 목적을 위해 우선 남해회사를 설립하였다. 국채의 소유자들은 채권을 포기하는 대신에 해당 금액에 상당하는 남해회사 주식을 받을 권리를 가지게 되었다. 남해회사는 해당 금액만큼의 주식을 발행하였다. 그리고 정부는 남해회사에 스페인이 지배하는 중남미에 대한 독점적인 무역권을 보장하며, 이에 더해 주주에게 배당될 약 57만 파운드의 금액과 연리 6%의 이자를 회사에 지급하기로 하였다. 실제로 남해회사는 주식을 발행해 세 차례에 걸쳐 국채와 교환하였다. 그리고 이와 별도로 네 차례의 청약 과정을 통해 신규 투자자들을 모았다.[8]

기업이 설립된 1711년은 1701년에 시작한 스페인 왕위계승전쟁이

7 블런트는 금융회사인 Hollow Sword Blade Company의 이사였다. 이 회사는 애초에 제조업 기업으로 설립되었지만 1702년부터 은행업에 뛰어들었다. 당시에는 영란은행이 의회에서 독점적 은행의 지위를 획득한 유일한 조직이었다. 다른 기업들은 우회적 수단을 동원하여 은행업을 수행하고는 하였다(Carswell, 1960, pp. 30~36).

8 구체적인 주식 발행과 청약 상황에 대해서는 조남영(2012), 제2장.

진행되는 상황이었다. 1713년 전쟁이 끝나면서 영국 정부는 스페인 정부와 아시엔토(Asiento) 계약을 체결하였다. 아시엔토는 '계약' 혹은 '청부 약속'을 의미한다. 구체적으로 이 아시엔토는 위트레흐트조약에 근거해 영국 정부가 스페인 정부에게서 부여받은 독점적 무역권을 의미하였다. 이 계약을 통해 영국은 30년 동안 매년 4,800피에자(pieza de India)의 노예를 중남미 스페인령 지역으로 수출할 권리를 획득하였다.[9]

영국 정부로서는 부채 해결이 매우 시급한 사안이었다. 1714년을 기준으로 정부의 총부채는 4,800만 파운드나 되었고, 이에 따른 이자 부담은 재정을 압박하기에 충분하였다. 1714~1717년에 국채에 대한 이자 지급이 전체 정부 수입의 50%를 넘어서는 수준이었다.[10] 이런 상황에서 정부는 기업에 일정한 자금과 수익성이 있어 보이는 무역독점권을 부여하고, 대신에 기업이 주식을 발행해 정부 부채 소유자들에게 주식을 제공하는 방안을 마련하였다.

희망찬 계획

이 방안은 행위 주체 모두에게 이익을 가져다줄 묘안처럼 보였다.

9 1피에자는 건강하고 키가 58인치(약 147cm)를 넘는 남성 노예 한 명에 해당하며, 다른 노예들은 성별과 신체 조건에 따라 1피에자의 일정 비율로 인정되었다(Eltis *et al*., eds., 1999, p. 10). 남해회사에는 노예 이외의 일반 상품도 일정량(연 500톤, 연 1회) 무역이 허락되는 등 약간의 추가적 권리도 부여되었다(Carswell, 1960, pp. 48~66).

10 Brewer(1988), pp. 116~117. 99년 만기의 비상환성 장기 채권의 이자율이 약 7%였고, 단기 연금증서의 이자율이 약 9%였다(Dickson, 1967, p. 92).

먼저 정부는 부채를 해소함으로써 재정 안정을 기할 수 있다. 국채를 주식으로 전환하는 사업을 놓고 정부는 남해회사와 영란은행을 대상으로 경매에 붙인 끝에 더 높은 가격을 제출한 남해회사에 사업권을 낙찰하였다. 이런 경매를 통해 정부는 이익을 극대화할 수 있을 듯하였다.[11]

채권자들은 국채를 남해회사 주식으로 전환할 수 있는 권리를 부여받았다. 전환 여부는 채권자의 선택에 달린 '옵션'인 셈이었다. 당시에 채권자는 채권을 제3자에게 매도하는 것이 금지되어 있었다. 이런 이유로 채권자는 단기 계약을 선호하였는데, 이것이 정부의 이자 부담을 높이는 상황이었다. 한편, 연금증서는 유통할 수 있는 대상이었지만 할인율이 높았으므로 판매자가 손해를 감수해야만 하였다.[12] 이런 배경에서 많은 채권자가 국채를 주식으로 전환하는 것이 자신에게 유리하다고 판단하였다. 특히 이런 국채 전환은 이미 작은 규모로나마 영란은행과 동인도회사를 통해 진행된 경험이 있었다. 또한 같은 시기에 프랑스에서도 존 로(John Law)가 설계한 미시시피 계획(Mississippi Scheme)이 성공적으로 진행되는 듯이 보였기 때문에, 대다수 채권자는 주식으로 전환을 환영하였다.[13] 남해회사의 수익 전망이 불투명하다고 판단되면 주식시장을 통해 곧바로 주식을 매각할 수 있다는 점도 장점으로 작용하였다.

마지막으로, 기업의 관점에서는 정부에서 무역독점권을 부여받았

11 영란은행은 5,667,600파운드를, 그리고 남해회사는 7,567,000파운드를 입찰가로 적어냈다.

12 Neal(1990).

13 국채 전환 경험에 관해서는 Paul(2010), p. 66. 미시시피 계획과 남해회사 계획의 관련성에 관해서는 Carlos and Neal(2006), p. 501.

다는 점이 믿음직스러웠다. 게다가 기업의 성패가 정부의 정책 성과와 직결되기 때문에, 다양한 채널을 통해 정부의 지원이 있으리라 기대할 수 있었다. 따라서 남해회사의 설립은 정부와 채권자와 기업을 모두 만족시킬 수 있는 절묘한 해결책이라는 인식이 당시에 널리 공유되었다.

오늘날의 관점에서 보면

종합하자면, 남해회사는 현대에 우리가 대하는 통상의 민간 회사와는 성격이 크게 달랐다. 시장 경제 체제에서 자유롭게 경쟁하는 민간 기업이 아니라, 중상주의 규제 체제 아래에서 정부가 주도해 마련한 민관 합작 프로그램이었다. 따라서 정부의 정책 의지와 특권의 실질적 내용이 기업의 가치를 좌우하는 중요한 요인이었다. 또한 낮은 등급의 정부 부채를 집중화하고, 정부 관료들이 새로운 무역 활동을 적극적으로 지원하고, 비효율적이고 부패한 정부 부문을 민영화하는 작업은 오늘날의 관점에서도 정책 입안자들이 고려할 만한 가치가 충분히 있는 전략이라고 볼 수 있다.[14]

현재의 관점에서 평가한다면, 남해회사의 설립은 재정개혁이 절실한 상황에서 정부 주도로 기획된 구조조정의 초기적 형태였다고 평가할 수 있다. 결론적으로 남해회사의 핵심 업무는 국채 전환과 대서양 무역이었는데, 전자에 대해서는 국채 문제 해소의 절박성과 기존의 성공 사

14 이런 출자 전환은 외환위기 후에 IMF와 같은 구제금융 대여 국제기구들이 우리나라 정부에 주문하였던 내용과 별로 다르지 않다.

례가 투자자들에게 믿음을 주었으며, 후자에 대해서는 다음 절에서 확인하게 될 대서양 무역에 대한 긍정적인 전망이 작용하였다.

3. 남해회사의 주가 변동

춤추는 주가

남해회사에서 거품이 발생하고 터진 것은 1720년의 일이었다. 연초 128파운드였던 주가는 1720년 1월 국채의 주식 전환 계획이 공식화하자 상승하기 시작하였고, 3월 해당 법안이 의회를 통과하자 300파운드를 돌파하였다. 의회에서 논의가 진행된 끝에 전환 비율은 남해회사가 정할 수 있도록 결정되었다. 남해회사는 4월 말부터 전환 신청을 받았는데, 8월이 되면 전체 국채의 약 85%가 주식으로 변경되는 양호한 성과를 거두었다.

주가가 정점에 도달한 것은 7월 초였다. 이후 8월 말까지는 주가가 소폭 낮아진 상태로 보합세를 유지하였다. 하지만 그 후에 주가는 급락하였다. 10월 초가 되면 290파운드, 그리고 연말에는 150파운드대까지 떨어지고 말았다. 이렇듯 단기간에 발생한 주가의 급등과 급락은 남해회사 거품의 문제를 극적으로 보이게 만드는 효과가 있었다. 〈그림 1-1〉에 주가의 시기적 추이가 나타나 있다.[15]

▌**그림 1-1** 남해회사의 주가 추이와 뉴턴의 투자, 1719~1721년

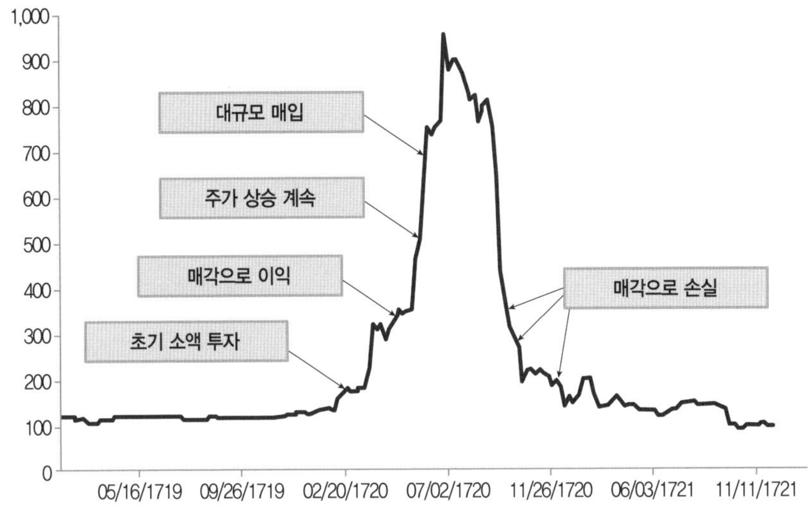

자료: 송병건(2013), p. 351에서 재인용.

과학 천재의 실패

주가의 급등락 속에서 손실을 본 투자자가 많았다. 그중에서 가장 유명한 인물로 꼽을 수 있는 이는 과학자 아이작 뉴턴(Issac Newton)이었다. 〈그림 1-1〉에 주가 추세와 함께 뉴턴의 투자 상황이 간단하게 표시되어 있다. 이를 통해 남해회사 거품으로 재산을 잃은 투자자의 전형을 볼 수 있다.

15 주가의 추이에 대한 논의는 Temin and Voth(2004), pp. 1655~1668.

1720년 2월 주가가 오르기 시작할 무렵에 뉴턴은 소액을 투자하였다. 주가가 약 두 배로 상승한 시점에 그는 주식을 처분해 이익을 실현하였다. 그러나 이후 주가는 더욱 가파른 속도로 상승하였고, 주위의 투자자들이 횡재하였다는 소식을 접하자 뉴턴은 마음이 흔들렸다. 결국 그는 다시 거액을 주식에 투자하게 되었다.

그가 투자한 후에도 주가는 최대 30% 이상 상승하였다. 그렇지만 7월 초에 하락이 시작된 후 그는 주식을 매각할 타이밍을 놓치게 되었다. 뉴턴은 주가가 400파운드 이하로 내려온 시점에야 주식을 분할 매각하였는데, 이는 평균적으로 구매 가격의 절반에 불과한 수준이었다. 뉴턴은 결국 2만 파운드에 이르는 손실을 떠안았다. 뒤에서 논의하겠지만, 뉴턴의 사례는 당시 남해회사 투자의 합리성에 대한 논의에 중요한 단초가 된다.[16]

다른 회사들

금융공황의 역사에서 남해회사 거품이 논의되는 방식을 보면, 마치 남해회사의 주가 상승과 폭락이 다른 기업이나 다른 국가에서는 찾아보기 힘든 독특한 현상이었던 것처럼 생각하기 쉽다. 그러나 실제 상황은 이와 전혀 달랐다. 근래에 남해회사의 사례를 동시대의 영국 기업 전체의 차원에서 비교하거나, 경쟁국으로서 동시대에 유사한 경험을 거치

16 다음 제4절 참조.

■ **그림 1-2** 영국 8개 회사의 주가 동향, 1720년

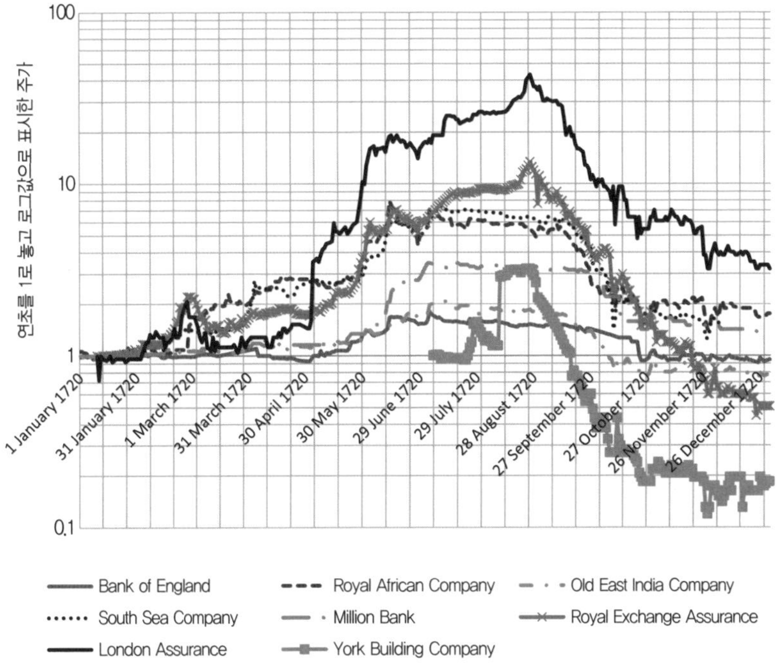

자료: Frehen, Goetzmann, and Rouwenhorst(2013), p. 590.

고 있던 프랑스 및 네덜란드와 비교하는 작업이 진행되었다. 여러 기업에 대한 주가 및 경영 자료를 분석하는 기업사 분야의 성과가 이런 비교 작업을 가능하게 하였다.

〈그림 1-2〉는 1720년 당시 규모가 컸던 영국의 대표적인 기업 여덟 곳의 주가 동향을 보여 준다.[17] 이 기업군은 남해회사 외에 중앙은행

17 Frehen, Goetzmann, and Rouwenhorst(2013), p. 590. 또한 Dale(2004), p. 107; Carlos and Neal(2006), p. 507.

인 영란은행, 국제 무역 분야에서 독점적 지위를 누리고 있던 동인도회사(East India Company)와 로열아프리카회사(Royal African Company), 당시에 막 설립된 해상보험회사인 로열익스체인지보험(Royal Exchange Assurance)과 런던보험(London Assurance) 등을 포함한다.[18]

비교

1720년 초의 주가를 기준으로 시기적 추이를 보여 주는 이 자료로부터 우리는 몇 가지 중요한 정보를 얻을 수 있다. 첫째, 1720년 남해회사의 주가 상승은 예외적인 사례가 아니었다. 조사 대상인 모든 기업에서 연초에 비해 2배 이상의 주가 상승이 발생하였다. 특히 두 해상보험회사는 남해회사보다 훨씬 높은 주가 상승률을 기록하였다.

둘째, 기업별로 주가가 정점에 이른 시점에 차이가 있었다. 남해회사를 포함한 일부 기업들은 7월 초에 정점에 도달하였지만, 두 해상보험회사를 포함한 다른 기업들은 앞선 기업들의 주가가 꺾이기 시작한 후인 8월 말까지 상승을 계속하였다. 이러한 차이는 남해회사 거품 붕괴가 최소한 즉각적으로 다른 기업의 주가에 영향을 미치지는 않았음을 시사한다.

셋째, 로열아프리카회사도 남해회사에 버금가는 유사한 수준의 주가 상승을 나타냈다. 로열아프리카회사는 남해회사와 마찬가지로 장거

---

18 여기에 당시 활발하게 활동하였던 밀리언은행(Million Bank)과 공공 토목 사업을 전문으로 하는 요크빌딩회사(York Building Company)가 추가되었다.

리 무역을 주요 활동으로 삼은 기업이었지만, 국채의 주식 전환과는 무관하였다. 따라서 두 기업의 주가가 유사한 양상을 보였다는 사실은 남해회사의 주가 상승이 상당 부분 장거리 무역에 대한 기대에 기초한 것이었다는 주장을 가능하게 한다.

한편, 로열아프리카회사 및 남해회사와는 달리 장거리 무역의 한 축을 이루었던 동인도회사는 주가 상승의 폭이 상대적으로 낮았다. 이는 당시에 동남아시아 무역보다는 대서양 무역에 대한 투자자들의 기대가 더 높았다는 점을 시사한다. 국제 정세가 안정화되면—특히 스페인과의 관계가 안정화되면—대서양 무역이 높은 수익을 가져다줄 것이라고 사람들이 믿고 있었다는 증거다.[19]

주가가 하락 반전한 이유

그렇다면 7~8월을 거치면서 주가가 하락세로 반전한 이유는 무엇일까? 몇 가지 가능성을 생각해 볼 수 있다.

하나는 6월에 제정된 거품법의 영향이다. 거품법은 주식시장 거품의 붕괴가 가져올 위험성에 대비하기 위해 제정된 법률이기는 하였다. 그렇지만 주가가 폭락한 뒤 사후적으로 제정된 법률은 아니었다. 주가가 가파르게 상승하면서 수많은 기업이 주식회사 형태로 앞을 다투어 설립 신청을 하는 시기에 거품법의 입법이 이루어졌다. 남해회사가 정

19 Frehen, Goetzmann, and Rouwenhorst(2013), pp. 589~591.

치가들에게 거품법이 통과되도록 뇌물을 제공한 사실은 이 법률의 성격을 잘 말해 준다. 다수의 경쟁기업이 새로 상장되면서 투자금이 남해회사로부터 빠져나갈 것을 우려하였던 것이다.[20]

이 시기에는 또한 주식회사의 신규 설립뿐만 아니라 기존 면허장을 가진 기업을 이용한 우회적 주식 발행에 대해서도 정부가 규제를 강화하였다. 8월에는 자메이카를 출항한 12척의 함대가 침몰해 보험회사에 막대한 부담을 줄 것이라는 우려가 팽배하기도 하였다. 이러한 사정들이 맞물리면서 투자자들에게 미래의 금융시장에 대한 전망이 비관적으로 전환된 것으로 보인다.[21]

네덜란드와 프랑스의 상황

남해회사 거품이 발생한 1720년에 인근 국가들의 금융시장은 어떠하였을까? 1720년은 네덜란드에서도 금융공황이 발생한 해였다. 네덜란드의 주식시장에서도 다양한 부문의 기업들이 주가 급등과 급락을 경험하였다. '바람 거래'(Windhandel)라고 부른 현상이었다.

네덜란드 주식시장에서 나타난 첫째 특징은 업종별 차이였다. 연

20 거품법의 영향에 관해서는 Patterson and Reiffen(1990), pp. 163~171; Harris(1994a), pp. 610~627.

21 Frehen, Goetzmann, and Rouwenhorst(2013), pp. 593~594. 그 밖에 국왕과 왕실의 다수가 하노버로 여름 여행을 떠나는 비용을 조달하기 위해 주식을 매각하였다거나, 초가을에 지주들에게 현금 수요가 몰리는 현상이 있었다는 것, 그리고 아메리카 대륙에서 천연두가 발생함으로써 사망자가 증가해 경제적 타격이 우려되었다는 지적도 있다(조남영, 2012, 제2장). 그러나 이들의 중요성은 제한적이었다고 보인다.

합동인도회사의 주가는 별로 오르지 않았던 데 비해 연합서인도회사의 주가는 큰 상승을 나타냈다. 이는 영국과 유사한 모습이었는데, 대서양 무역에 대한 높은 선호도를 반영한다고 볼 수 있을 것이다. 둘째, 네덜란드의 주가 변동은 영국의 주가 변동과 거의 비슷한 시기에 발생하였다. 이를 통해 두 국가의 금융시장이 매우 밀접하게 통합되어 있었다는 판단을 내릴 수 있다.[22]

그러나 양국의 금융시장이 공통점만을 지닌 것은 아니었다. 네덜란드의 셋째 특징은 영국과 달리 정부가 국채 전환 사업을 진행하지 않았다는 점이다. 국채 전환을 목적으로 하는 기업의 설립이 없었음에도 금융공황이 발생하였다는 사실은, 국채 전환이 금융공황의 직접적 요인이 아니었을 것이라는 앞에서의 추측에 힘을 실어 준다. 마지막으로, 네덜란드의 증시 변동을 이끈 주역은 보험회사였다. 1720년 네덜란드 최초의 유한책임 보험회사가 설립되어 증시에 상장되었는데, 불과 수 주 이내에 30개 이상의 기업이 상장을 신청하였다. 이러한 열풍이 네덜란드의 금융공황을 초래하였던 것이다.[23]

프랑스에서는 영국과 유사하게 국채 전환 사업이 대대적으로 이루어졌다. 존 로의 미시시피 계획의 핵심 가운데 하나가 바로 프랑스의 국채를 미시시피회사의 주식으로 전환하는 사실이다. 그렇지만 영국과의 차이점도 존재한다. 첫째, 프랑스는 미국의 루이지애나 지역의 식민지

22 18세기 양국 금융시장의 통합에 관한 자세한 논의는 Neal(1990).

23 Frehen, Goetzmann, and Rouwenhorst(2013), pp. 587~588. 최초로 설립된 기업은 Stad Rotterdam이었다. 기업 상장의 바람은 네덜란드를 넘어 독일에까지 미쳤다.

화와 무역으로 투자자들을 끌어들였다는 사실이다. 둘째, 존 로는 발권 은행까지 통제하였기 때문에 금융공황이 프랑스에서 더 큰 규모로 발생하였다는 점이다. 마지막으로, 시기적으로 프랑스의 거품 붕괴가 남해회사의 거품 붕괴보다 반년가량 일찍 발생하였다. 하지만 이런 시차에도 불구하고 영국의 주식시장이 프랑스의 주식시장과 긴밀한 관계를 맺은 채 작동하고 있었다는 점은 분명해 보인다.[24]

비교의 결론

종합하자면, 남해회사의 주가 급등과 급락은 이 회사에 유일하였던 현상이 아니었다. 영국의 여러 기업이 유사한 주가 변동을 경험하였으며, 일부 업종에서는 변동 폭이 남해회사보다 컸다. 대서양 무역에 대한 투자자의 기대는 전반적으로 컸던 것으로 보인다. 이러한 점은 네덜란드 주식시장의 사례를 통해서도 확인된다. 이와 달리 남해회사의 주요 사업 중 하나였던 국채 전환은 금융공황과는 직접적으로 관련되지 않은 것으로 보인다.

그렇지만 이상의 분석 결과가 남해회사의 주가 상승이 전적으로 자연스러운 수준이었다고 입증해 주는 것은 아니다. 남해회사가 의도적으로 주가를 높이는 방안을 마련하였다는 점은 사실로 인정되기 때문이다. 남해회사는 약 130만 파운드에 이르는 금액을 옵션 형태로 왕실

24 이런 국제적 '전염 효과'(contagion effect)가 남해회사의 주가 변동에 얼마나 강력하게 영향을 미쳤는가에 대해서는 Neal(1990), pp. 44~61.

과 의회의 정치가와 유력자들에게 제공하였다. 직접 이러한 혜택을 받지 못한 정치가와 유력자들은 공모주 청약 과정에서 주식을 배정받아 자본이득을 누릴 수 있었다. 네 차례에 걸쳐 이루어진 청약 가운데 조건이 좋았던 앞의 두 청약에서 특히 이익이 크게 발생하였다. 남해회사가 그들에게 주식 청약 자금을 대출해 주었으므로, 그들이 부를 늘리기에 더없이 좋은 기회가 되었다.[25]

하지만 기존의 논의가 이런 부분만을 지나치게 강조하고, 주식시장 전체의 흐름을 살펴보지 못하는 우를 범하였다는 점도 인정해야만 한다. 주가를 상승시키기 위한 남해회사의 인위적 노력이 없었더라면 거품의 규모는 실제 발생한 것보다 다소 작았겠지만, 거품의 생성과 붕괴라는 흐름 전체에 결정적인 변화를 끼쳤을 것으로 예상하기는 어렵다.

4. 비이성적 투기 논란

뿌리 깊은 불신

남해회사 주식에 대한 투자가 기업의 실질적 가치를 제대로 고려하지 않은 비이성적 열풍이었다는 주장은 뿌리가 깊다. 앞에서 남해회사

25 이렇게 자기 돈을 들이지 않고 대출금으로 주식을 청약한 의원이 총 318명, 귀족이 총 131명이었다.

의 뇌물 공여와 내부거래 사례를 언급하였는데, 이런 사례가 이 기업의 주가 상승이 실물적 기반을 갖지 못한 채 이루어졌다는 견해를 지지하는 증거라고 여겨져 왔다. 이와 더불어 특히 두 개의 에피소드가 당시 투자가 합리적 판단에 근거한 것이 아니라 비이성적 투기였음을 여실히 보여 주는 것으로 인식되었다.

첫째는 합리적 판단에 가장 능할 것이라 인식된 투자자의 손실 사례이다. 앞에서 간단히 살펴보았던 뉴턴 이야기다. 동시대 최고의 과학자이자 1699년 조폐국 장관으로 임명된 인물, 1703년 왕립협회(Royal Society)의 회장에 오르고 1705년 기사 칭호를 받은 인물인 뉴턴의 사례는 세간의 관심을 모으기에 충분하였다. 합리적이고 과학적 사고의 최고봉이자 영국 상류 사회의 중심 인물로서 누구보다 많은 정보를 획득할 수 있는 위치에 올랐던 뉴턴이 큰 손실을 보았다는 소식은 사람들의 입에 오르내리기에 최적의 소재였다. 그가 말한 것으로 알려진 표현, 즉 "불규칙한 천체의 움직임을 계산할 수는 있지만 대중의 광기는 계산할 수 없다"라는 말은 남해회사 거품의 성격을 규정하는 대표적인 상징으로 여겨졌다.[26]

남해회사에 대한 투자가 비이성적이었다는 인상을 대중적으로 전파한 또 하나의 요인은 1720년 투기 열풍을 과장한 문헌들이었다. 대표적으로 1841년에 찰스 맥케이(Charles MacKay)가 출간한 인기 저서에는 다음과 같은 서술이 등장한다.[27]

---

26 뉴턴이 실제로 이런 발언을 하였는지는 불분명하다. 이 표현이 등장한 최초의 확인된 자료는 *The Church of England Quarterly Review*(1850), p. 142.

> [기업 상장 사례 중에서] 가장 터무니없고 가당찮은 것으로서, 다른 어느 것보다 철저하게 사람들의 완벽한 광기를 보여 주었던 것은, 이름이 알려지지 않은 사업가가 시작한 '대규모 이익을 약속하지만 아무도 그게 뭔지 모르는 회사'(A Company for Carrying on an Undertaking of Great Advantage, but Nobody to Know What It Is)였다.

주식시장에 대한 열풍이 아무 근거 없이 무분별하게 타올랐다는 이야기다. 이 에피소드는 널리 확산해 1720년 당시 주식시장의 분위기를 가장 실감 나게 보여 주는 사례로 자주 인용되어 왔다.

그러나 이런 이름의 기업이 실제로 존재하였다는 증거는 전혀 없다. 당시 상장기업들에 대해 상세한 조사를 진행한 연구에도 이런 이름의 기업은 존재하지 않았던 것으로 나타난다.[28] 영국 철도 건설 거품의 여파가 사회적 이슈로 등장한 시기에 출간된 맥케이의 책은 이후 남해회사 거품에 관해 가장 큰 영향력을 끼쳤다.[29]

뉴턴의 투자 실패와 맥케이의 저술은 남해회사 주식 투자가 비이성적이었다는 인상을 대중의 뇌리에 선명하게 각인시켰다. 그러나 애초에 이 사례들이 사실에 기초하고 있는지 의문일 뿐만 아니라, 이런 일화적인 사례만으로는 투자의 속성을 종합적으로 파악할 수 없다.

---

27 MacKay(1841), p. 45.
28 Dale(2004). 또한 Garber(1990).
29 다음 제6절 참조.

비이성적 투기라는 근거들

남해회사에 대한 투자가 비이성적이었다고 보는 주장은 다음과 같은 근거에 기초한다. 첫째는 주가 상승이 인위적으로 부추겨진 상황이다. 뇌물과 로비를 통해 기업이 정부와 궁정의 인사들을 포섭하였고, 대출을 통해 투자가들에게 금융적 편의와 지원을 제공하였으며, 무역 독점권의 잠재적 수익성에 대해 과도한 예측을 제공함으로써 투자를 유도하였다는 것이다.

둘째, 당시의 사회가 전반적으로 도박과 투기가 만연한 분위기였다는 주장이 있다. 예를 들어, 역사가 로이 포터(Roy Poter)는 18세기가 '도박열'(gambling mania)에 휩싸인 시기였다고 주장하였다.[30] 이와 유사한 맥락에서 남해회사 거품도 국가적 단위의 도박 광풍이라고 보아야 한다고 이 견해는 강조한다.[31]

셋째, 이론적으로는 최근 행동경제학에서 자주 등장하는 용어인 '군집 행위'(herding behavior)를 떠올릴 필요가 있다. 실제 기업 및 시장 상황을 면밀하게 따지지 않고 무리의 행동을 좇아 움직이는 투자 행위가 당시에 만연하였다는 주장이다.

넷째, 국채 전환 이외에 남해회사의 주업이었던 노예무역에서 수익

30 가장 대표적인 묘사를 보면, "사람들은 정치 이벤트에 내기를 걸었고, 출생과 사망 등 미래에 발생할 어떤 일에 대해서나 내기를 걸었다. 불과 몇 파운드를 벌기 위해 도전자들은 시간을 다투며 뛰었고, 진한 파인트를 들이켰으며, 산 고양이를 먹었다"(Porter, 1984, p. 255). 또한 Dickson(1967).

31 Sperling(1967), p. 6.

성을 기대하기 어려웠다는 주장이다. 현실과 동떨어지는 수준으로 지나치게 낙관적으로 포장된 홍보가 과잉 투자를 낳았다는 것이다.

반론

그러나 당시의 투자를 모두 비이성적 투기로 보아서는 안된다는 견해도 있다. 비이성적 투기가 적지 않았던 것이 분명한 사실이지만, 상당한 비율의 투자는 이성적 판단과 예상에 근거해서 이루어졌다는 주장이다.

구체적으로 살펴보자. 첫째, 당시 남해회사의 주가가 인위적으로 상승한 측면이 없지는 않지만, 앞에서 살펴본 것처럼 다른 기업들도 대체로 유사한 주가 상승 양상을 경험하고 있다. 이는 새롭게 전개되고 있었던 금융혁신 전반에 대한 대중의 긍정적 기대를 반영하는 것이라고 볼 수 있다.

둘째, 당시 영국 사회가 특징적으로 도박과 투기가 일상화된 분위기에 빠져 있었다는 주장도 남해회사 투기 열풍을 설명하는 근거로 받아들이기에는 설득력이 부족하다. 무엇보다도 당시의 주가 변동이 영국에만 국한된 것이 아니었기 때문이다. 주변의 중상주의 경쟁국인 프랑스와 네덜란드에서도 이 시기에 주식시장이 요동을 쳤다. 따라서 주식시장의 모습은 개별 국가의 특수한 사회적 성향보다는 새로운 금융혁신의 도입이나 특정 산업에 대한 전망의 변화라는 요인을 통해 설명하는 것이 더 타당할 것이다.[32]

셋째, 군집 행위 주장이 시사하는 것과 달리 여러 투자자, 특히 정보와 경험이 상대적으로 풍부한 금융 기관들은 주가가 크게 변동하는 시장 상황에 맞추어 행동하였다. 주가가 상승하는 시기에 투자를 늘렸다가 정점에 이른 후 주가가 하락하면 곧 주식을 매각하여 이득을 본 사례가 풍부하게 남아 있다는 것이다. 이렇게 주가 상승세에 '올라타기'(riding)를 성공적으로 수행한 사례들이 보고되면서, 적지 않은 수의 투자가가 '합리적' 계산과 예상에 기초하여 투자 금액과 주식 매매 시점을 결정하였다고 보아야 한다는 주장이 힘을 얻고 있다. 대표적으로 피터 테민과 한스-요아힘 포스(P. Temin and H.-J. Voth)는 런던의 주요 은행 가운데 하나였던 호어스은행(Hoare's Bank)의 사례를 연구하였다. 이 은행은 1720년 당시 남해회사 주식에 거품이 형성되고 있었다는 사실을 명확히 인지하였으면서도 시의적절한 투자를 통해 이익을 보았다고 연구자들은 분석하였다.[33] 당시의 투자 양상에 대해 분석한 다수의 경제사 연구가 '비이성적 투기' 주장을 실증적으로 반박하는 결과를 공통적으로 보여 주고 있다.[34]

마지막으로, 남해회사의 노예무역은 수익성을 기대하기 어려운 상

32 제3절 참조.

33 Temin and Voth(2004), pp. 1658~1563. 사실 주식시장이 상승장일 때 투자에 소극적인 태도를 취하는 금융기업은 현실에서 생존하기 어렵다. 오늘날의 금융시장에서도 이는 마찬가지이다. 거품의 존재를 인지하더라도 투자 시점을 면밀히 결정하여 진입하고 거품이 터지기 직전 혹은 직후에 신속히 빠져나오는 전략을 취하는 것이, 미래에 불확실한 시점에 올 거품 붕괴를 우려해 투자를 전적으로 기피하는 것보다 합리적이라고 볼 수 있다.

34 Harrison(2001), pp. 269~281; Harrison(2004), pp. 667~688; Dale, Johnson, and Tang(2005); Kleer(2015).

황이었을까? 영국이 스페인으로부터 아시엔토의 형태로 노예무역 독점권을 얻을 수 있었던 것은 스페인이 자국의 힘만으로는 노예무역을 더 이상 효과적으로 운영할 수 없다고 판단한 결과였다. 스페인은 여전히 남아메리카의 은광 개발을 중요시하였는데, 이를 위해서 아프리카로부터 노예 노동력을 계속해서 들여와야만 하였다. 그러나 해군력의 상대적 약화로 인해 노예 수입을 대신해 줄 상대를 구해야만 하였던 사정이었다. 스페인 정부로부터 아시엔토를 부여받은 남해회사는 기존에 노예무역 사업을 해왔던 로열아프리카회사의 지원을 받게 되었다. 로열아프리카회사는 아프리카에서 노예를 매입하고, 운송 시설을 설치하고, 관련 항구를 운영하는 데 직접적인 도움을 주었다. 남해회사가 누리는 또 하나의 장점은 영국 해군의 호송을 받아 안전하게 항해할 수 있었다는 점이다. 노예무역의 전문성 있는 경험과 안전한 운송이라는 두 강점을 갖춘 남해회사는 투자자들의 주목을 받을 만하였을 것이다.

노예무역의 가치

노예무역의 경제성에 대해 더 살펴보자. 헬렌 폴(H. Paul)은 대서양 노예무역 자료를 분석해 실제로 남해회사의 노예무역이 어떤 성과를 거두었나를 살펴보았다.[35] 런던에서 아프리카를 거쳐 스페인령 아메리

---

35 Paul(2004), http://www.ehs.org.uk/ehs/conference2004/assets/paul.doc. 대서양 노예무역 자료는 Eltis *et al.*, eds.(1999)에 의거하였다. 대서양 노예무역 자료는 http://www.slavevoyages.org/tast/servlet/graph?height=480&width=640&seq=14.

그림 1-3 남해회사 선박으로 중간 항로를 따라 운송된 노예의 수와 운송 중 사망자 수, 1714~1737년

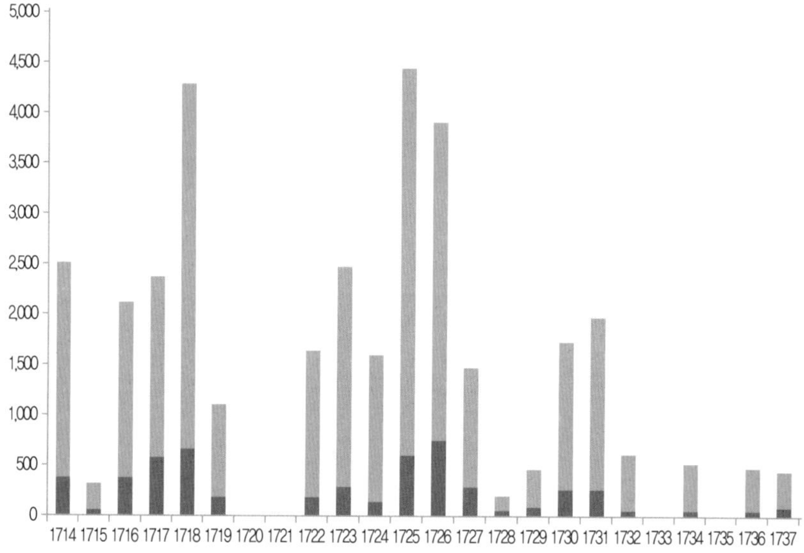

자료: Paul(2004), 그림 3.

카에 이른 총 96차례의 항해 중에서 자료가 존재하는 94차례의 항해가 분석의 대상이 되었다. 노예무역업의 효율성을 측정하는 척도로 운송 중의 노예사망률을 고려할 수 있다. 〈그림 1-3〉은 1714~1737년에 대표적 항로였던 '중간 항로'(Middle Passage)를 따라 아프리카에서 스페인령 아메리카로 운송된 노예의 연도별 숫자와 사망자 수를 보여 준다.

이 자료는 여러 시사점을 제공한다. 제일 먼저 흥미를 끄는 점은 1720년 이후에도 노예무역이 계속되었다는 사실이다. 특히 거품이 꺼진 지 5년이 지난 1725년에 가장 많은 수의 노예가 운송된 점에 주목할 필요가 있다.

둘째, 남해회사가 기록한 평균 노예사망률이 약 15%였는데, 이는 1720년 이전 영국 노예선의 평균 사망률 20%나 1701~1750년 프랑스 노예선의 사망률 15.3~18.4%보다 낮은 수준이고, 1700~1740년 전체 노예선의 사망률 15.7%보다 근소하게 낮은 수준이다.[36] 경쟁국 선박에 의해 나포되거나, 해적을 만나거나, 선박이 좌초한 경우는 모두 일곱 차례였는데, 이는 당시 기준으로는 양호한 실적이었다. 이런 사실은 선장과 선원의 질적 수준이 높았거나 해군의 보호가 큰 도움이 되었음을 시사한다.[37] 이상의 비교분석을 통해 볼 때, 남해회사의 노예무역은 실제로 상당한 수준의 경쟁력을 갖추고 있었다고 판단을 내릴 수 있을 것이다.

5. 남해회사 거품의 유산

부정적 평가는 정당한가?

남해회사 거품이 남긴 역사적 유산을 검토해 보자. 전통적 견해에 따르면, 거품 붕괴로 인해 남해회사가 무너진 것은 물론이고, 국가 경

36 Paul(2004), p. 65. 이 수치들의 원출처는 Richardson(1987), pp. 178~196; Haines, MacDonald, and Schlomowitz(2001), pp. 503~533; Eltis and Richardson(2008), pp. 1~60.

37 Paul(2004).

제에도 심각한 피해가 발생하였다.[38] 남해회사 거품 붕괴는 손해를 본 투자자들의 불만을 고조시켰고, 경제 주체들의 금융에 대한 전반적 신뢰를 추락시켰다.

비판적 여론을 가라앉히고 금융 제도에 대한 대중의 신뢰를 회복해야 하는 뒤처리 임무는 최초의 재정위원장(Lord of the Treasury)으로 임명된 정치가 로버트 월폴(Robert Walpole)의 손에 맡겨졌다. 그간의 학술적 평가에는 월폴에 대해 비판적 논조가 강하였다. 그가 자신의 정치적 이익을 위해 사건의 핵심을 은폐하고 왕실을 보호하는 역할에 치중하였다는 게 주된 이유였다. 과연 월폴이 영국의 금융 제도와 경제 발전에 부정적인 영향을 미쳤다고 보아야만 할까? 질문의 방향을 돌려 보자면, 당시 남해회사 사태를 비판한 정치가들이 금융 안정과 발전에 더 나은 대안을 제시할 수 있었다고 평가할 수 있을까?

해결해야 할 과제

재평가를 위해 거품 붕괴 이후의 처리 과정을 살펴보자. 당시에 정치권과 투자자 및 일반인들의 관심은 크게 세 줄기였다. 첫째, 금융공황 사태의 책임이 누구에게 있는가 하는 것이었다. 당시 여론은 부패와 연고주의(cronyism)가 사태의 본질이라고 보는 쪽이 강하였다. 이 들끓는 여론을 가라앉힐 방안을 찾는 것이 무엇보다 급선무였다. 둘째, 남

38 예를 들어, 카스웰(John Carswell)은 남해회사 거품 붕괴의 경제적 영향이 "깊고도 넓다"고 평가하였다(Paul, 2010, p. 191).

해회사 주식 거래를 둘러싼 계약의 사후 수정 문제였다. 기존의 계약을 무효화하고 새롭게 계약을 체결해야 한다는 주장이 일각에서 제기되었다. 셋째, 영국의 금융 시스템에 대한 무너진 신뢰를 어떻게 회복하느냐는 문제였다. 금융시장에 대한 규제를 강화해야 한다는 주장이 여러 차례 등장하였다. 이들 세 이슈가 서로 밀접하게 관련을 맺으면서 월폴의 지휘 아래 처리의 가닥을 잡게 되었고, 처리 내용에 따라 영국 경제에 끼친 영향이 좌우되었다.

국왕 조지 1세는 주변 인물들이 뇌물수수에 연루되었기 때문에 사태 해결을 주도하기 곤란한 상황이었다.[39] 수습의 책임을 짊어진 월폴은 우선 공황 사태의 책임자를 찾아 처벌해야 한다는 여론을 의식할 수밖에 없었다. 하원과 상원을 향해 사태의 책임자 색출과 처벌 요구가 빗발쳤고, 대중의 비난과 조롱이 각종 팸플릿과 만평과 가요에 가득하였다.[40] 이런 비판이 고조된 데에는 하노버 왕조와 휘그당의 일당 통치에 대한 반대파의 불만과 종교적 갈등이 정치적 배경을 이루고 있었다.[41]

---

39 특히 국왕의 두 정부(Melusine von der Schulenberg와 Sophia Charlotte von Platen)가 뇌물에 연루된 사실—각각 15,000주를 회사에서 받고 주가가 154파운드를 넘을 때마다 120파운드를 받기로 함—이 정치적 부담이 되었다.

40 House of Commons(1720); House of Lords(1720). 가장 유명한 만평가는 호가스(William Hogarth)였다.

41 Hoppit(2000), p. 235.

수완 좋은 월폴

월폴은 무엇보다 남해회사의 경영자들에게 책임을 물었다. 의회의 조사를 기초로 삼아 내부거래와 회계장부 조작, 뇌물 등의 혐의를 들어 관련자들을 기소하고, 그들의 재산을 압수하여 파산한 주주들에게 분배하는 조치를 취하였다.[42]

그러나 동시에 월폴은 남해회사 조사가 자신이 원하는 수준 이상으로 확대되기를 원하지 않았다. 결정적으로, 회계담당자 로버트 나이트(Robert Knight)가 해외로 도피하였다가 붙잡혔는데, 그가 국내로 송환되지 않도록 월폴은 배후에서 은밀하게 조치를 취하였다. 그 결과 나이트가 소지하고 있던 주요 회계장부는 의회의 조사를 피할 수 있었다.[43] 월폴은 또한 조지 1세의 주변 인물들이 기소되지 않도록 함으로써 왕을 보호하는 역할을 하였다. 반대파들은 월폴의 조치를 비판하면서 그를 '차단 사령관'(Screenmaster-General)이라고 조롱하였다.[44] 〈그림 1-4〉는 1721년에 등장한 풍자화다. 월폴이 하노버 왕가 출신인 조지 1세의 비리를 막아 주는 병풍 역할을 하고 있음을 풍자하는 그림이다.[45]

42 대표적으로 재무장관이자 남해회사 설립에 적극적으로 나섰던 아이슬래비(John Aislabie)는 부패 혐의로 기소되어 처벌받았고, 크래그스(James Craggs Sr.)는 자살을 택하였다. 스탠호프(James Stanhope)는 조사 중에 사망하였으며, 다수의 이사는 재산을 몰수당하였다(Paul, 2011).

43 나이트를 체포한 오스트리아 당국과의 외교적 비밀 접촉이 낳은 결과였다(Carswell, 1960, pp. 212~244).

44 Paul(2011).

45 그림 제목인 '장막'의 철자가 'Screen'이 아니라 'Skreen'임이 눈에 띈다. 국왕이 독일 하노버왕가 출신임을 드러내는 방식이다.

그림 1-4 1721년에 피카트(Bernard Picart)가 그린 '병풍'(The Skreen)

자료: https://www.nypl.org/events/exhibitions/galleries/staging-folly/item/11058.

이런 비판에도 불구하고 월폴은 정치적 비판의 화살이 왕실에 미치지 못하게 하는 데 궁극적으로 성공하였다. 하노버 왕조의 기반이 탄탄하지 못하고 스튜어트 왕조의 복위를 기도하는 세력이 존재하는 상황에서, 월폴이 노련한 솜씨를 발휘해 조지 1세로 향하는 정치적 압력을 효과적으로 방어하였다는 사실은 입헌군주제의 실질적 확립이라는 중요한 정치사적 의미를 지닌다.

계약의 사후 처리

둘째 이슈는 주식 청약과 거래 계약을 되돌리고, 손실에 대한 사후적 보상을 통해 자산을 재분배하는 것이었다. 남해회사의 주식 청약은 네 차례에 걸쳐 이루어졌는데, 후반부로 갈수록 기업의 수익성에 대한 기대가 높아졌기 때문에 투자자들은 상대적으로 불리한 조건으로 주식을 청약하게 되었다.[46] 거품이 꺼진 후 개최된 주주총회에서 3차와 4차에 청약한 투자자들은 격렬하게 항의하였으며, 결국 회사는 이들에게 계약을 변경하여 금전적인 보상을 해 주어야만 하였다.[47]

더 심각한 압박은 부채를 얻게 된 지주 세력에게서 왔다. 토지 귀족들은 자신들이 기망에 의해 채무에 기초한 투자에 나서게 되었다고 주장하면서 계약의 무효화를 주장하였다. 이 주장에 대해 월폴의 입장은 매우 뚜렷하였다. 그는 기존의 주식 매매 계약이 유효하다고 발표하였다. 이 단호한 조치는 시민혁명 이후 영국 사회에서 '법치'와 '재산권'을 확립하였다는 의미를 지닌다.

절대주의 및 시민혁명의 과도기에는 개인의 재산권 보장이 충분히 안정적이지 않았다. 예를 들어, 이미 입헌군주제에 들어선 시점인 1672년에 찰스 2세는 자신의 채무를 무효화하는 이른바 '국고 정지'(Stop of

46 구체적 청약 내용은 Dale, Johnson, and Tang(2005), pp. 233~271.
47 Neal(1990), pp. 89~117.

Exchequer) 조치를 취해 수많은 금장은행(goldsmith bank)에 피해를 안긴 바 있었다.[48] 월폴의 계약 유효 선언은 개인이 행한 계약의 법률적 효력을 확인하고 재산권 보호에 대한 국가적 기준을 공표한 것이었다. 이는 시민혁명의 실질적 완성 과정의 중요한 일부분이었다고 평가할 수 있다.

한편, 남해회사에 투자한 사람들은 세간의 소문과는 달리 대부분이 사회의 상류층에 속한 이들이었다는 점도 의미가 있다. 거품 붕괴와 사후적 계약의 무효화 문제가 계층 간의 이동성과 재분배에 미친 효과가 제한적이라는 의미가 되기 때문이다. 본질적으로 남해회사의 거품은 '상류 정치, 상류 금융, 상류 사회'의 문제였던 것이다. 사회 구조에 미친 거품 붕괴의 영향을 과대평가하는 것은 적절하지 않다.[49]

거시적 효과

마지막으로, 남해회사 거품의 붕괴로 금이 간 금융 시스템에 대한 대중적 신뢰를 회복하는 과제가 남아 있었다. 월폴이 새로운 금융 제도에 대해 깊은 지식을 갖지 못하였다는 점은 여러 역사가가 인정하고 있다. 그리고 그의 사후 처리 작업에 정치적인 고려가 많이 개입되었다는 점도 인정된다.[50] 그러나 이런 사실이 금융 제도의 정비와 신뢰 회복이라는 면에서 월폴이 실망스러운 성과를 냈다는 결론으로 반드시 이어

---

48 Horsefield(1982), pp. 511~528; North and Weingast(1989), pp. 803~832.
49 Hoppit(2000), p. 158.
50 예를 들어, Plumb(1956).

진다고 볼 수는 없다.

정부는 금융 제도의 전면적 붕괴를 막기 위해 남해회사 및 영란은행과 2년에 걸쳐 협의를 진행하고 마침내 해결책을 이끌어 냈다. 영란은행이 400만 파운드에 가까운 국채를 남해회사에서 인수하게 되었고, 동인도회사도 일부 국채를 인수하였다. 남해회사가 정부에게 지불해야 하는 부담금은 면제되었으며, 남해회사의 대표로 새 인물이 선출되었다. 이를 통해 국채의 상당 부분을 재조정하면서 동시에 남해회사에 대해 효과적으로 재정비를 진행하였다.[51]

반대파의 비판

월폴의 조치에 대해 아치볼드 허치슨(Arcibald Hutcheson)을 포함한 반대파 인물들은 강력하게 비판을 제기하였다. 이들은 토지 세력이 중심이 된 온정주의적 사회가 이상적인 체제라고 여겼으며, 금융 제도에 대해서는 강력한 규제가 필요하다는 기조를 공통으로 내세웠다. 개인적 차이가 있긴 하지만 이들은 대부분 금융시장의 역할 자체에 대해 부정적으로 인식하였고, 주식시장이 도박판과 유사한 속성을 지녔다고 보았다.[52]

당시 반대파 가운데 금융시장의 경제적 원리를 가장 잘 이해한다고 여겨졌던 인물이 허치슨인데, 그의 주장은 이런 입장을 잘 보여 준다.

51 Paul(2011).
52 당시의 팸플릿과 잡지에 등장한 사설은 다수가 반대파의 목소리를 담고 있었다.

그는 주식 매매를 사후적으로 평가해 이익을 본 사람이 손해를 입은 사람에게 보상하는 제도가 바람직하다고 주장하였다.

허치슨은 도박꾼들이 이익을 보고 지주 엘리트가 손해를 입는다는 가정을 하고 있었다고 폴은 분석하였다. 반대파의 주장에 따라 금융 제도를 재편하였다면, 이후 금융은 크게 낙후되었을 것이라고 폴은 결론을 내린다.[53] 이렇게 볼 때 월폴의 조치에 대한 반대파의 비판을 특별히 높게 평가할 이유는 없다.

종합적 평가

이상의 논의를 종합하자면, 월폴은 금융공황의 책임을 회사의 소수 경영진에게 물음으로써 대중의 불만을 가라앉혔고, 하노버 왕가를 공분과 비판으로부터 차단함으로써 정치적 안정을 이루는 데 기여하였다. 그는 주식 거래와 청약의 법률적 효력에 대한 기준을 제시함으로써 사유재산권의 확립에 중요한 이정표를 세웠다. 또한 그는 기존의 금융 제도를 무력화할 만한 강력한 규제를 도입하자는 토지 세력의 주장에 맞섰다. 결과적으로 월폴의 조치는 금융 제도에 대한 대중의 신뢰를 단기간에 회복하는 데 긍정적인 역할을 하였다고 볼 수 있다.[54]

또한 앞에서 확인하였듯이, 남해회사의 무역업은 거품 붕괴와 더불어 끝난 게 아니었다. 1720년 이후에도 상당한 규모의 노예무역을 계

53 Paul(2011).
54 Wennerlind(2011), pp. 197~234.

속하였고, 노예의 항해 중 사망률로 미루어 볼 때 노예무역의 효율성도 대체로 높은 편이었음을 기억해야 한다.

그렇다면 남해회사 거품이 영국 경제에 끼친 부정적 영향은 일반적으로 알려진 것보다 훨씬 제한적이었다고 판단할 수 있지 않을까? 회사는 단기간 내에 영업을 재개하였고, 금융 제도는 안정화되었으며, 국가 경제 전체로 금융공황의 충격이 확산하지 않았다. 이와 같은 결과는 부분적으로는 월폴의 대처가 효과적이었기 때문이며, 부분적으로는 알려진 것보다 애초에 거품 붕괴의 타격이 크지 않았기 때문이라고 볼 수 있을 것이다.

호핏(J. Hoppit)의 연구에 따르면, 남해회사 사태는 처음부터 거품의 대표로 인식되었던 것이 아니었다. 남해회사 사태가 발생한 1720년에 여론이 들끓었던 것은 사실이지만, 이어진 시기에도 남해회사가 거품의 대명사로 인식되지는 않았다. '남해회사 거품'(South Sea Bubble)이라는 용어가 등장한 것은 1771년 브리태니커 대사전(*Encyclopaedia Britannica*)에서 처음 이를 사용하면서부터였다.[55] 그 후 1820년대에 거품법 폐지를 둘러싸고 남해회사가 다시 주목받았고, 마침내 철도 건설을 둘러싼 거품이 한창이던 1841년에 앞에서 언급한 맥케이의 영향력 있는 저서가 출간되면서 남해회사는 거품의 원조로 확립되었다.[56] 그리고 마침내 20

55 *Encyclopaedia Britannica*, Vol. 3, p. 632. 1720~1721년에는 남해회사 사태를 거품이라고 묘사한 기록이 거의 없었다. 당시에는 남해회사가 아니라 동년도에 발생한 190개가량의 집중된 기업 설립 붐—즉, 거품법의 규제 대상이 되었던 폭발적 기업 상장 시도—을 묘사하는 데 거품이라는 용어가 사용되었다(Hoppit, 2002, p. 163).

56 MacKay(1841). 이에 대한 자세한 논의는 Hoppit(2002) 참조.

세기 후반 금융화의 시기에 빈발하게 된 금융위기는 남해회사를 거품의 전형적 사례로 끌어냈던 것이다.

6. 맺는 글

이상의 논의에서 남해회사 거품이 실제 역사적으로 발생한 사태에 비해 여러 측면에서 과장되고 왜곡된 모습으로 전해지고 있음을 지적하였다. 우선 남해회사는 경쟁적 환경에서 운영되는 오늘날의 민간 주식회사와는 성격이 달랐음을 상기해야 한다. 누적된 국채 문제를 해결하는 방안으로 정부가 기획한 구조조정 방안으로서 기업이 설립된 것이며, 장래의 수익성도 중상주의적 환경에서 정부가 어떤 수준의 이익을 담보해 줄 것인지 정책적 판단에 좌우되는 형태였다.

남해회사의 주가가 큰 폭으로 변동한 것이 사실이지만, 이는 남해회사 고유의 현상은 아니었다. 영국의 주요 기업들은 물론이고 주변국 프랑스와 네덜란드도 거의 같은 시기에 주가의 급변동을 경험하였다. 따라서 이 시기의 주식시장 상황은 해상보험의 등장과 같은 새로운 금융 혁신과 대서양 무역에 관한 긍정적 전망 등을 종합적으로 고려해야 설명될 수 있을 것이다. 주변국 금융시장과의 상호 작용도 중요한 변수 가운데 하나였다. 남해회사의 주가가 인위적으로 부양된 측면이 있기는 하지만, 이것만으로는 당시의 주식시장을 전체적으로 설명할 수 없다.

남해회사 주식 매입을 비이성적 투기로만 볼 수 없다는 근거도 제시하였다. 거품이 형성되고 있음을 인지하는 투자자들이 상승장에 성공적으로 '올라타기'를 한 사례들은 합리적인 투자의 존재를 말해 준다. 또한 남해회사의 노예무역 내역을 통해서, 남해회사에 대한 투자가 기업의 실제 가치에 대한 합당한 예상에 기초한 것이었음을 확인할 수 있었다. 로열아프리카회사와 해군과의 협력 체제가 노예무역의 수익을 높여 줄 것이라는 기대는 당시 수송된 노예들의 사망률에 비추어 볼 때 비이성적이지 않았다.

마지막으로, 월폴이 지휘한 사후 처리 작업은 금융공황의 충격을 최소화하고 금융 제도에 대한 신뢰를 단기간에 회복하는 데 긍정적이었다고 볼 수 있다. 대중적 분노를 가라앉히면서 동시에 토지 세력의 과도한 규제 도입 주장을 차단하는 데 월폴은 뛰어난 수완을 보였다. 이 과정에서 토지 세력의 전통적 가치관을 담은 반대파의 목소리는 수그러들었다. 그는 거품 붕괴 이후에 금융 제도와 경제가 빠르게 회복할 수 있는 길을 열었다. 또한 하노버 왕가를 보호하고 법치와 재산권 보호의 원칙을 확립함으로써 영국 사회가 실질적으로 시민혁명을 완결하는 계기를 마련하였다고도 볼 수 있다. 왕실은 국가의 의례적 역할에 더 집중하고 실제 통치는 정부의 수장인 총리 중심으로 전환이 된 것이다.[57]

결론적으로 말해, 남해회사 거품이 비이성적 투기에 의한 이상과

57 월폴은 생전에 한 번도 총리 직함을 공식적으로 받지 못하였지만, 사건 종료 후 위치가 공고해져 실제로 총리 역할을 수행하였다는 데 이견을 찾기 어렵다.

열 현상이며, 이 거품의 붕괴로 남해회사는 물론 영국의 사회와 경제가 치명적인 타격을 입었다는 주장은 인정하기 어렵다. 지난 2세기에 걸친 역사적 과정을 통해 남해회사 거품 논의가 점차 부풀려져 왔다고 볼 수 있다. 말하자면 '거품 자체에 거품이 끼었다'고 평가할 수 있을 것이다.[58] 남해회사 거품을 맹목성과 우매함에 의한 비이성적 광풍을 상징하는 대표적 사례라고 보는 것은 남해회사에 지나치게 가혹한 평가다.

58 Hoppit(2002), p. 141. 폴(Helen Paul)은 금융개혁이 주변국과 경쟁적으로 급박하게 이루어지지 않았더라면 투자자들이 새 금융 제도를 이해하고 이에 적응할 시간을 가질 수 있었을 것이며, 이를 통해 거품의 붕괴를 피할 수 있었을 것이라고 주장한다(Hoppit, 2002, p. 87).

2

제2장 농업혁명

농업 생산력은 언제 얼마나 변화하였나?

1. 머리글:
   산업혁명과 농업혁명
2. 간략한 농업혁명 논쟁사
3. 농업혁명과 생산성
4. 기술 진보와 자본주의적
   경작
5. 의회 인클로저와 농업
   변화
6. 맺는 글

1. 머리글: 산업혁명과 농업혁명

농업혁명 논쟁

영국의 근대화 과정의 '혁명성'이라는 이슈와 관련해 빠지지 않고 등장하는 주제가 농업혁명(agricultural revolution)이다. 전통적으로 농업혁명은 산업혁명의 '선행 조건'으로 여겨져 왔다. 그리고 18세기 중반~19세기 초반을 변화의 핵심적 시기로 지목한다. 그런데 만일 농업혁명이 18세기 중반~19세기 초반에 발생하였다면, 농업혁명이 산업혁명의 선행 조건으로 작용하였다는 주장이 더 이상 성립될 수 없다. 이 책의 다른 장에서 다루겠지만, 산업혁명은 이와 동일한 시기에 발생하였다는 것이 통설로 자리를 잡고 있으며, 심지어 더 먼 과거로부터 서서히 진행되었다는 주장도 적지 않은 설득력을 갖기 때문이다.[1]

이 장은 농업혁명에 관한 근래의 논의를 검토함으로써 농업혁명이 개념적으로 어떤 요소들을 포함하고 있는지 탐구한다. 그리고 이에 대해 학자들의 견해가 구체적으로 어떻게 차이가 나는지 고찰한다. 이 문제는 농업혁명의 시기를 언제로 설정하며, 그렇게 설정하는 근거가 무엇인가라는 질문과 밀접하게 관련되어 있다. 이 검토 작업을 통해 전통설에 대한 비판을 살펴보고 새로운 주장의 근거를 확인하게 될 것이다.

1 Ang, Banerjee, and Madsen(2013).

그렇다면 전통설에서 중시하던 18세기 중반~19세기 전반은 영국의 농업 경제와 농촌 사회의 역사에서 더 이상 중요성을 갖지 못하는 시기로 보아야 하는가? 그렇지는 않다. 이 연구는 농업혁명, 농업 기술 진보, 의회 인클로저(Parliamentary Enclosure), 농촌 사회 구조 등 상호 밀접하게 연관된 주제들에 대한 검토와 분석을 통해 이 시기의 역사적 의의를 되살리는 것을 목표로 한다.[2]

논의의 순서

논의는 다음의 순서로 진행한다. 첫째, 농업혁명의 본질과 시기 설정에 관한 기존 연구를 검토하고, 근래의 학문적 동향이 농업혁명의 어떤 측면을 강조하는지 살펴본다. 둘째, 생산성 증대의 측면에서 농업혁명을 재검토한다. 16세기 중반부터 19세기 중반에 이르는 시기를 대상으로, 어느 시기에 어떤 요인에 힘입어 얼마나 큰 생산의 증가가 이루어졌는가를 논의한다. 그리고 축적된 연구 성과를 활용하여 윤작 체계(rotation system)하에서 각종 작물의 생산 증대 효과를 검토함으로써 윤작제의 어떤 측면이 생산 증대에 가장 크게 기여하였는지 고찰한다. 셋째, 근래에 개발된 분석 도구인 연산가능일반균형(computable general equilibrium: CGE) 모형을 활용한 분석 결과를 토대로, 농업 기술의 변화와 자본주의적 대토지 경작 체제의 확립이 국민경제 전반에 끼친 영

2 송병건(2010).

향을 탐구한다. 넷째, 18세기 후반~19세기 전반에 진행된 의회 인클로저의 역사적 의의를 논의한다. 특히 열린 교구-닫힌 교구(open-closed parish) 모형을 활용하여 의회 인클로저가 농업 부문과 농촌 사회에 어떤 변화를 초래하였는지 연구한다. 이상의 과정을 통해 18세기 중반~19세기 전반이 영국 경제사, 특히 농업사에서 여전히 핵심적으로 중요한 시기임을 강조하고자 한다.

2. 간략한 농업혁명 논쟁사

고전적 연구와 비판

농업혁명에 관한 연구는 그간 새로운 사료의 발굴과 분석 기법의 개발을 통해 많은 진전을 이루어 왔다. 그와 더불어 농업 변화의 어떤 측면에 초점을 맞출 것인가에 대해서도 수많은 논의가 전개되어 왔다.[3] 초기의 연구자들은 근대 초기 이래 인클로저 운동이 어떻게 전개되었는지, 기존의 관습적 공동경작 체제가 얼마나 개별적 영농 체제로 바뀌었는지, 농업 인구가 계층적으로 어떻게 분화되어 농업노동자층의 형성으로 이어졌는지 등 농업 전반에 걸친 제도적 변화에 관심을 기울였

3 농업혁명의 개념과 구체적 내용에 관해 소개한 논문으로는 김호연(1998).

다. 그들은 산업혁명의 전제 조건으로서 농업 부문의 자본주의화가 진전되는 과정을 농업혁명으로 규정하였다.

그중 언르 경(Lord Ernle)의 연구는 기술 변화의 측면에 주목하였다는 점에서 두드러졌다. 그는 농업혁명의 핵심 내용으로서 클로버와 순무(turnip)와 같은 새로운 사료 작물의 도입, 가축 품종 개량 방법의 개선과 확산, 기존에 휴한지로 남겨 두었던 토지에 사료 작물 재배를 도입하는 새로운 윤작법의 실시, 파종기 등 농업기계의 사용 등 다양한 농업 기술의 혁신을 강조하였다. 그리고 이러한 변화가 1760~1840년이라는 비교적 단기간에 걸쳐 발생하였다고 주장하였다.[4] 그의 주장은 산업혁명에 대한 아놀드 토인비(Arnold Toynbee)의 고전적인 견해와 일맥상통하는 것으로, 20세기 중반까지 학계에서 통설로 받아들여졌다.[5]

고전적 해석에 대해 주목할 만한 비판이 제기된 것은 1960년대부터였다. 농업 변화의 어떤 측면을 강조할 것인지, 그리고 그러한 변화가 언제 발생하였는지에 대해 다양한 연구가 진행되었다. 케리지(E. Kerridge)는 곡물 경작지와 목초지의 경계를 무너뜨린 이른바 전환 농법(convertible husbandry)의 도입, 수변 목초지(water meadow)의 관개('플로팅'(floating)), 새로운 사료 작물의 경작 등을 농업 기술 진보의 핵심적 요소라고 파악하고, 이런 기술 진보가 1560~1670년 기간에 두드러지게 이루어졌다고 보았다.[6]

4 Ernie(1912).

5 Toynbee(1884), pp. 4~9, 32~48. 또한 Hammond and Hammond(1911), pp. 3~7, 53~58; Deane and Cole(1962), pp. 44~52.

6 Kerridge(1967), pp. 15~40, 181~198, 326~348.

다양한 연구들

한편, 존스(E. L. Jones)는 세인포인(sainfoin), 클로버, 순무 등 사료 작물의 도입이 농업 생산의 선순환 구조를 확립하였다고 강조하면서, 농업 변화의 결정적 시기가 1660~1760년이라고 주장하였다.[7] 이 연구들은 농업혁명과 산업혁명이 거의 유사한 시기에 단기간에 걸쳐 발생하였다는 전통적 견해를 비판하였고, 농업혁명을 훨씬 이른 시기에 발생한 현상이라고 결론을 지었다는 공통점을 지녔다.

한편, 톰슨(F. M. L. Thompson)은 인공비료를 포함한 다양한 비료의 투입에 의한 농업 생산의 비약적 증대가 1815~1880년에 발생하였다는 점을 강조하면서, 이 시기를 '제2차 농업혁명'이 발생한 시기라고 명명하였다. 그에 따르면, 18세기에 인클로저와 농업 기술 진보에 힘입어 '제1차 농업혁명'이 발생한 데 이어, 이 시기에는 농민들이 각종 국내산 및 수입산 비료를 구입하여 농지에 대량으로 공급하는 활동이 특징적이었다고 주장하였다. 특히 1840년대부터는 수입된 인광석과 구아노(guano) 등의 투입이 농업 생산의 증대를 낳은 주된 요인이었다고 강조하면서, 이것이 '고도농법'(high farming)을 가능하게 한 원동력이었다고 주장하였다.[8]

농업혁명의 시기 설정에 관한 논의는 여전히 학자들 간에 합의를

7 Jones(1974), pp. 71~78. 그는 사료 작물의 도입이 낳은 사료 증가가 가축 사육의 증가를 가져오고, 이것이 거름의 증가를 통해 곡물 생산 증가로 이어지는 순환 구조를 지적하였다.

8 Thompson(1968), pp. 63~71.

이루지 못하고 있다. 예를 들어, 체임버스(J. D. Chambers)와 밍게이(G. E. Mingay)는 사료 작물의 재배 이외에 윤작법의 도입, 가축 품종의 개량, 각종 농기계의 도입, 인클로저의 전개 등이 농업 생산에 초래한 효과에 대한 종합적인 평가를 제시하면서, 1750년경을 농업혁명의 기점으로 보는 것이 타당하다고 결론지었다.[9] 한편, 오버튼(M. Overton)은 유산 목록(probate inventory)의 분석을 통해 사료 작물이 생산 증대에 끼친 영향이 지대하였으며, 그 결정적 시기로는 1750~1850년이 유력하다고 주장하였다.[10]

전통설과 부합하는 주장을 하는 이 연구들과 달리 앨런(R. C. Allen)은 농업 생산성의 증대를 농업혁명의 본질적 척도로 보고, 이를 기준으로 할 때 농업혁명은 17세기에 발생하였다고 결론지었다. 그는 곡물 생산의 증가를 가져온 재배법 개선, 특히 종자 선별의 중요성을 지적하였다. 클라크(G. Clark)의 생산성 추계도 농업혁명을 18세기 이전의 현상으로 판단하게 하였다. 그는 산업혁명기에는 농업혁명이 발생하지 않았다고 단언하였다.[11] 심지어 터스크(J. Thirsk)와 같이 농업혁명의 시기를 설정하는 작업이 무의미하다고 본 학자도 있었다. 터스크는 농업혁명의 '혁명성'을 부정하고 연속적 변화라는 관점에서 이해하는 것이 바람직하다는 주장을 폈다.[12]

이상 소개한 논의들은 현재까지 연구자들이 농업혁명의 시기에 대

9 Chambers and Mingay(1966).
10 Overton(1996), pp. 1~9, 193~207.
11 Allen(1992); Clark(1993), pp. 226~266.
12 Thursk(1987), pp. 57~58.

해 합의를 보지 못하고 있다는 점을 보여 줌과 동시에, 연구 동향과 관련해 또 다른 흥미로운 시사점을 제시한다. 농업혁명에 대한 논의의 초점이 점차 생산성의 문제로 모아지고 있다는 사실이다.

3. 농업혁명과 생산성

시기의 설정

이상의 논의를 종합해 보자면, 농업혁명의 시기 설정을 둘러싸고 적어도 네 가지 주장이 존재하였음을 알 수 있다. 이 시기들을 순서대로 나열하면, ① 16세기 중반~17세기 중반, ② 17세기 중반~18세기 중반, ③ 18세기 중반~19세기 중반, ④ 19세기 중후반이 된다. 각 연구자가 제시하는 근거가 타당하다면, 농업 부문의 변화는 16세기 중반에서 19세기 후반까지 여러 차례에 걸쳐 발생을 거듭하였다고 보아야 하겠다.

밀 수확량의 추이

농업혁명의 시기를 더 세분화할 수는 없을까? 그간 연구자들이 주목하였던 농업혁명의 측면이 다양하였다는 사실이 논의를 진전시키는 데 장애가 된다. 일관성 있는 논의를 위해 근래의 연구 동향을 반영하

표 2-1 1550~1850년 잉글랜드의 밀 생산량과 증가율

연도	이스트 앵글리아(부셸/에이커)	전체 지역(지수 1700=100)
1550		57 (-)
1600	12.0 (-)	72 (26)
1650	14.5 (21)	91 (26)
1700	16.0 (10)	100 (10)
1750	20.0 (25)	123 (23)
1800	22.4 (12)	136 (11)
1850	28.0 (25)	163 (20)

주: 1) ( ) 안의 숫자는 앞 시점으로부터의 증가율(%).
2) 이스트 앵글리아(East Anglia): 노퍼크(Norfolk), 서퍼크(Suffolk).
3) 전체 지역: 노퍼크, 서퍼크, 링컨셔(Lincolnshire), 햄프셔(Hampshire), 허트포드셔(Hertfordshire).
자료: Overton(1996); 김호연(1998), p. 21에서 재인용.

여 농업 생산의 증가에 초점을 맞추어 보기로 하자. 오버튼의 밀 수확량 추계가 유용한 기준을 제시해 준다.[13] 〈표 2-1〉에 정리된 시기별 밀 수확량 및 수확량지수와 그 증가율을 살펴보자.[14]

이 표로부터 이스트 앵글리아와 '전체 지역'(잉글랜드 남부 여러 주) 모두에서 밀 수확량의 증가가 뚜렷하였던 시기를 확인할 수 있다. 바로 1550~1650년, 1700~1750년, 1800~1850년이 여기에 해당한다. 각 시기에 밀 수확량을 증대시킨 요인은 무엇이었을까? 그간 누적된 연구 결

13 Overton(1991), pp. 284~322.

14 엄밀하게 말하자면 밀의 생산량뿐만 아니라 다른 곡물의 생산량, 그리고 가축의 생산량 변화에 대해서도 논의가 이루어져야 한다. 여기에서는 우리의 분석 대상이 되는 시기에 밀이 가장 비중이 높고 가격 면에서도 농민들에게 가장 중요한 곡물이었다는 점, 그리고 가축 생산은 대체로 후기로 올수록 증가하였다는 점만 지적하기로 한다. 밀의 생산을 중심으로 한 본 논의의 요점은 다른 곡물과 가축을 고려해도 크게 달라지지 않을 것이다.

과들을 토대로 추측해 보자.

시기별 핵심 요인들

1550~1650년 밀 수확의 증가에는 전환농법의 확산이 큰 영향을 미친 것으로 보인다. 그러나 전환농업에 따른 토질 개선 효과가 지속적으로 이어지지 못한 탓에 그 후 밀 생산의 증가는 감속되었던 것으로 추정된다.

1700~1750년의 밀 수확 증가에는 사료 작물의 본격적 확산이 크게 기여한 것으로 보인다. 클로버, 순무, 세인포인 등 다양한 사료 작물이 이 시기에 폭넓게 전파되었고 이것이 가축 사육의 증가와 결합함으로써, 토질을 획기적으로 개선하여 밀 생산에 유리한 여건을 조성하였다는 추측이 설득력 있어 보인다.

이후 반세기 동안 밀 수확의 증가율이 낮아졌다가 마지막으로 1800~1850년 기간에 다시 높은 증가율을 보였는데, 여기에는 각종 비료의 효과가 끼친 영향이 중요하였을 것으로 보인다. 특히 해외에서 수입한 각종 비료와 농가들이 새로 구입해 사용하기 시작한 인공비료가 1830년대부터 큰 효과를 발휘하였다고 판단된다.[15]

15 김호연(1998), pp. 20~23. 다른 작물들을 함께 고려해도 전체적인 그림에는 중요한 차이가 나지 않는다.

더 세밀한 연구

농업 생산의 증대를 낳은 요인을 더 면밀하게 고찰할 수는 없을까? 브런트(L. Brunt)의 연구는 이에 대한 상세한 분석 결과를 제공한다. 그는 우선 아서 영(Arthur Young)이 남긴 역사적 기록을 상세히 재검토하였다. 영은 18세기 말에서 19세기 초에 이르는 시기에 잉글랜드 전역의 수많은 농가를 방문하고 농업 실태에 대한 자료를 광범위하게 수집하였던 인물이다. 브런트는 또한 당시 및 현대의 여러 자료들—예를 들어, 기온, 강수량, 토질, 그리고 시비법, 윤작법, 파종법 등의 당시 관행 등—을 활용해, 밀 수확량에 영향을 주는 요인들을 분석하였다.

그의 분석에 의하면, 1770년경을 기준으로 밀 수확량의 증가를 가져온 유의한 변수로 기후적 요인 이외에 점토질 토양, 높은 순무 재배 비율, 콩류 등 높은 간작 작물(breaking crop)의 비율, 석회 산포(liming)와 이회암 산포(marling)의 확대, 파종기의 사용과 말을 이용한 제초(horse hoeing), 대규모 경지면적이 있었다. 한편, 밀 수확량의 감소를 가져오는 유의한 변수로는 경지 가운데 높은 밀 재배 비율, 높은 곡물(밀, 보리, 귀리) 재배 비율, 높은 클로버 재배 비율이 제시되었다.[16]

이 결과로부터 우리는 몇 가지 흥미로운 논의를 진행할 수 있다. 첫째, 윤작의 효과에 대해 보다 상세한 고찰을 할 수 있다. 〈표 2-2〉는 상이한 재배 체제 아래에서 밀 생산량이 얼마나 되는가를 보여 준다. 일

16 Brunt(2004), pp. 205~215.

표 2-2 각 재배 체제하에서 밀 생산량(부셸/에이커)

연구자	밀	밀-휴한지	밀-보리-터닙-휴한지
Rothamsted	8	18	29
Waite	12	21	28
Brunt	11	18	25

자료: Brunt(2004), p. 212.

정한 경지에 밀만 반복적으로 재배하는 경우, 밀 재배 이후 경지를 휴한지로 두었다가 다시 밀을 재배하는 경우, 그리고 밀-보리-터닙-휴한지의 순서로 윤작을 시행하는 경우 각각 얻게 되는 밀 수확량을 나타내 준다.

세 연구자 중 누구의 추계에 의하든 밀 단작 체제에 비해 밀-휴한지 체제는 약 2배의 수확량을 보였고, 밀-보리-터닙-휴한지 체제는 거의 3배에 육박하는 수확량을 보였다. 이 표는 윤작의 생산 증대 효과에 대한 통념에 신뢰할 만한 근거가 있음을 보여 준다. 그러나 이것만 가지고는 구체적으로 윤작의 어떤 측면이 생산 증대에 기여하는지 알기는 어렵다. 특히 각 작물의 상대적인 기여도에 대해 보다 상세한 논의가 필요하다.

브런트의 분석 결과 중에서 전체 경작 가운데 밀의 재배면적 혹은 곡물의 재배면적이 차지하는 비율이 높을수록 밀 수확량이 감소한다는 것은 우리의 일반적인 예상과 일치한다. 밀을 자주 재배할수록 수확량이 낮아질 것으로 예측할 수 있기 때문이다. 또한 순무나 간작 작물의 재배면적이 차지하는 비율이 높을수록 밀 수확량의 증가를 기대할 수 있다는 점도 통념과 일치한다.

그러나 클로버의 재배면적 비율이 높을수록 밀 수확량이 감소한다는 점은 의외의 결과라고 말할 수 있다.[17] 일반적으로 클로버는 가축의 사료로 쓰이는 것은 물론이고 대기 중의 질소를 땅속으로 고정해 밀 수확을 늘리는 작용을 하는 것으로 이해되고 있다. 그렇다면 브런트의 분석 결과는 어떻게 설명할 수 있을까? 클로버가 질소를 토지에 고정하는 효과를 가져오려면 우선 클로버가 잘 자랄 수 있도록 기존 토양 내 질소의 양이 충분해야 한다는 연구가 있다. 따라서 잘 관리되지 않은 클로버밭은 오히려 질소의 전체적 양을 줄여 밀 생산에 부정적인 영향을 끼치게 된다는 것이다. 또한 클로버는 많은 경우에 수확 후 저장되어 동절기에 가축의 사료로 사용되며, 이때 가축의 배설물이 퇴비의 형태로 경지에 뿌려지게 된다. 그런데 파종기인 봄이 될 때까지 퇴비 속의 질소가 절반 이상이 소실되기 때문에, 종합적으로 볼 때 클로버가 밀 생산에 오히려 부정적인 효과를 미치는 것이라고 한다.[18]

클로버와 대조적으로 순무의 재배는 밀 수확량을 크게 증가시키는 것으로 나타났다. 이런 효과가 발생하는 이유는 부분적으로는 순무가 대기 중의 질소를 잡아 두었다가 다음에 재배되는 작물의 성장에 도움을 주기 때문이며, 부분적으로는 순무를 재배하면 잡초를 관리하기가 용이하기 때문이다. 파종기의 사용과 말을 이용한 제초도 잡초의 손쉬

17 다른 방법론을 사용한 그의 연구도 같은 결과를 보여 주고 있다(Brunt, 1999, p. 12).

18 Brunt(2004), p. 211. 그러나 이 논의는 밀 생산에 국한된 것이다. 클로버 재배가 가축의 생산을 증대시킨다는 점 역시 기억해야 한다.

운 제거라는 경로를 통해서 밀 수확 증가에 기여한다. 씨앗을 흩뿌리는 전통적 파종법 대신에 일정한 간격으로 구멍을 파고 씨를 심는 파종기의 사용과 마력을 이용한 호미질의 유용성이 확인된다.

둘째, 당대의 자료에서 밀 생산 증대에 기여한 것으로 자주 언급되었던 여러 변수의 실제적 효과도 파악할 수 있다.[19] 예를 들어, 점토질이 풍부한 토양일수록, 그리고 석회질—당시에 이른바 '비료의 왕자'라고 불렸던—을 자주 많이 뿌려 줄수록 밀 수확량이 증대된다는 점도 브런트의 연구가 확인해 주었다. 한편, 전환농법의 효과는 유의미하지 않은 것으로 나타났다. 이는 18세기에 들어서면 전환농법의 토질 개선 효과가 더 이상 유효하지 않음을 보여 주는 결과다.[20]

셋째, 우리가 주목해야 할 또 하나의 흥미로운 변수가 경지면적이다. 농지의 규모가 클수록 단위 면적당 밀 수확량이 증가하는 것으로 나타났다. 이 결과는 18세기 후반에서 19세기 전반에 이르는 시기가 농지 소유 및 경작 규모의 증대가 두드러진 시기였다는 사실로 우리의 주의를 이끈다.

경지면적의 증대가 정확히 어떤 경로를 통해 생산량을 증가시키는지는 불확실하다.[21] 그러나 경지면적과 밀 수확량 간에 양의 상관관계

---

19 대표적으로 Arthur Young(1741~1820)과 William Marshall(1745~1818)의 대규모 농업 실태 조사 자료를 들 수 있다.

20 주 13 참조. 또한 육류 생산은 증가하였을 수 있음도 상기하자.

21 브런트는 훌륭한 경영 능력과 높은 숙련도를 갖춘 대경영 차지농의 역할을 강조한다. 동시에 그는 당시의 농장 경영 방식을 놓고 볼 때 엄밀한 의미에서의 규모의 경제가 존재하였는가에 대해서는 의문을 표시하였다(Brunt, 2004, pp. 214~215).

가 존재한다면, 우리는 당시에 진행된 의회 인클로저의 경지면적 증대 효과, 그리고 의회 인클로저에 뒤이어 진행된 토지 소유의 집중화(consolidation) 혹은 대지주의 토지 매점(engrossment) 현상에 대해서도 충분한 주의를 기울여야 할 것이다. 또한 이런 변화가 단지 양적인 변화에 그치는 것이 아니라, 이른바 삼분제(tripartite system)라고 불리는 새로운 농업 경영 방식, 즉 지주－자치농－농업 노동자로 구성되는 새로운 체제의 확산과 동시에 진행되었다는 점에 유의해야 한다. 전문적인 차지농이 지주로부터 토지를 임차하고 농업 노동자를 고용하여 경작을 하고 수확물을 처분하여 얻은 수입 중에서 지주와 농업 노동자에게 지불하는 지대와 임금 및 다른 생산 요소의 비용을 제외한 나머지를 이윤으로 수취하는 자본주의적 경영 체제의 등장에 주목해야 하는 것이다.[22] 다시 말해서, 농업 생산 측면에서는 다른 시기에 비해 성과가 두드러지지 않는다고 하더라도, 18세기 말~19세기 초가 농업 변화의 측면에서 매우 중요한 시기이며 이 변화를 유발한 제도적 동력인 의회 인클로저 운동에 대해서 다시 주목할 필요가 있다. 최근에 발전된 한 연구 방법도 이런 필요성을 잘 보여 준다.

22 이 입장에 서서 인클로저의 역사적 의의를 논의한 고전적인 연구로 Lazonick(1974), pp. 1~59. 다음 제4절에서 보게 될 것처럼, 이 논의는 마르크스주의 성향의 역사 연구에 국한되지 않는다. 또한 Shaw-Taylor(2005), pp. 158~191도 보라.

4. 기술 진보와 자본주의적 경작

부분균형분석과 일반균형분석

위에서 우리는 농업혁명에 관한 논의의 중심추가 사회적, 제도적 변화로부터 밀, 곡물, 혹은 농업 전체의 생산량 및 생산성 측면으로 이동해 왔음을 보았다. 이에 대한 그간의 연구들이 채택한 논의 구조는, 예를 들면 농업 기술의 혁신이 발생하면 이것이 필요 노동력을 감소시켜 노동생산성을 증가시킨다거나 곡물의 수확량이 증대된다거나 하는 식이었다.

이런 분석을 부분균형분석(partial equilibrium analysis)이라고 부른다. 그 이유는 이 방법론이 한 경제변수의 변화가 제한된 수(대개 하나 혹은 소수)의 경제변수에 영향을 주는 것으로 보고 경제의 다른 부문에 끼치는 영향은 무시(또는 미미하다고 가정)하기 때문이다. 이 문제를 해결하기 위해 일반균형분석(general equilibrium analysis)이 대안으로 부상하였다.

일반균형분석에서는 한 변수의 변화가 여러 경로를 거쳐서 경제 내부의 다른 모든 변수에 영향을 끼치는 것으로 파악한다. 예를 들어, 노동 절약적 농기계가 도입되면 농업 노동의 고용이 감소하는데, 이는 공업 부문의 노동 공급에 영향을 주며 이것이 다시 공업 산출에 영향을 준다. 한편, 농기계의 도입이 농업 생산의 증가를 낳게 되면, 이는 농산물의 가격을 하락시킨다. 다시 농업 생산의 증가는 농산물 무역수지의 개선(수출의 증대 또는 수입의 감소)을 가져오고, 이는 이어서 공산품의 무역수지에 영향을 끼친다.

여기에서 예시한 방식으로 경제의 모든 변수가 상호 작용을 하는 과정을 통해서 새로운 균형을 찾게 되는데 이런 균형이 곧 일반균형이다. 즉, 이 방법론은 재화, 서비스, 생산 요소의 공급과 수요를 일치시키고 수출액과 수입액을 일치시키는 새 균형점을 찾아 변화가 끼친 영향의 정도를 분석하는 것이다.

일반균형분석은 지난 수십 년 동안 눈부신 향상을 보인 컴퓨터의 연산 능력과 결합하면서, 이른바 연산가능일반균형(Computable general equilibrium: CGE) 모형을 통한 분석을 가능하게 하였다. 크래프츠(N. F. R. Crafts)와 할리(C. K. Harley)는 영국을 개방경제 체제를 갖춘 대국—즉, 생산량을 변화시키면 국제 가격에 영향을 끼치는 국가—으로 규정하고 그에 입각해 연산가능일반균형 모형을 설정하였다. 그런 후 1841년의 경제적 변수에 대해 몇 가지 반사실적(counterfactual) 가설을 세워 그 효과를 분석하였다. 특히 우리의 관심을 끄는 것은 농업혁명과 관련된 가설들이다.[23]

연산가능일반균형 모형의 적용

크래프츠와 할리는 우선 1770~1841년의 기술 진보가 가져온 경제

23 연산가능일반균형 모형에 관한 구체적인 내용에 관해서는 Crafts and Harley(2004), pp. 86~107.

표 2-3 농업 기술 진보와 자본주의적 경작의 효과, 1841년을 기준으로 1770년의 수치를 적용한 결과

항목	1841년 기준	농업 기술 진보[1)]	자본주의적 경작[2)]
농산물 수입액	100	142	101
공산물 수출액	100	132	80
농산물 산출	100	59	105
공산물 산출	100	103	69
농업 고용(%)	22	19	47
공업 고용(%)	41	45	28

주: 1) 1841년에 농업 기술이 1770년 수준에 머물러 있다고 가정하는 경우임.
2) 1841년에 토지의 2/3가 영세 소농의 경작하에 있다고 가정하는 경우임.
자료: Crafts and Harley(2004), pp. 100, 105의 표 4.4와 표 4.6에서 발췌하여 작성.

적 효과를 다음과 같은 방법으로 분석하였다. 만일 1841년의 영국 경제가 '1770년 수준의 농업 기술을 보유하고 있었다면',[24] 다른 경제적 변수들의 값이 어떻게 달라졌을 것인가? 이 반사실적 가설을 연산가능일반균형 모형을 통해 분석한 결과가 〈표 2-3〉에 제시되어 있다.

1841년 농산물의 산출은 실제의 59% 수준으로 감소하였을 것이며, 이에 따라 농산물의 수입은 실제보다 42% 늘어났어야 한다. 이 수입액 증가를 상쇄하기 위해서는 공산물 수출이 32% 증가하였어야 한다. 1841년 농업 부문의 고용은 실제 수준인 22%가 아니라 19%에 머물렀을 것이며, 반대로 공업 부문의 고용은 실제보다 4%p 증가하였을 것이다. 1840년에 농업 부문에 고용된 인구가 전체 피고용 인구에서 차지하는 비율이 영국은 22.2%에 머문 반면에, 다른 유럽 국가들은 대개

24 경제학 용어로 표현하자면 '농업 부문의 총요소생산성(total factor productivity)이 1770년 수준에 머물렀다면'이 된다.

40~65% 수준을 기록하고 있었다는 점에 주목해야 한다.[25] 즉, 1770년 이래 70년간의 농업 기술 진보는 농산물의 생산을 크게 늘렸을 테지만, 농업 부문의 고용을 겨우 3%p 증가시켰을 뿐이다.

자본주의적 경작 체제의 효과

그렇다면 자본주의적 경작 체제의 발전, 즉 자급자족적 성격이 강한 영세 소농 형태의 경작 체제에서 시장 판매를 위한 대규모 경작 체제로의 전환이 초래한 경제적 효과는 어떨까? 앨런은 50에이커 이하와 100에이커 이상의 농지를 각각 영세 소농과 자본주의적 농지로 규정하고, 영세 소농의 경지가 1688년에 전체 경지의 2/3에 육박하였지만 1800년에는 1/10 수준으로 줄어들었다고 추정하였다.[26]

1770~1841년에 발생한 이런 변화의 효과를 분석하기 위해서는 몇 가지 추가적 가정이 요구된다. 첫째, 자본주의적 경작 체제는 재산권 확립이라는 장점이 있으므로, 영세 소농과 비교할 때 더 많은 혁신을 이루었을 것이라는 점을 반영해 영세 소농 체제의 1841년 생산성 수준을 자본주의적 경작 체제의 80%로 잡았다. 둘째, 1841년을 기준으로 영세 소농 체제의 자본 규모도 자본주의적 경작 체제보다 20% 적다고 가정하였다.

25 독일 39.9%, 스위스 42.4%, 프랑스 44.1%, 벨기에 44.4%, 포르투갈 48.4%, 이탈리아 55.4%, 스페인 56.1%, 오스트리아 64.1% 등이다(Crafts and Harley, 2004, p. 87).

26 Allen(1992), p. 85. Crafts and Harley(2004), p. 104에서 재인용.

〈표 2-3〉의 마지막 행은 1841년에 전체 경지 중 2/3가 영세 소농지였다면 영국 경제가 어떠하였을 것인가를 보여 주고 있다. 자본주의적 경작 체제로 전환이 지연되었더라면, 농산물 생산은 실제 수준보다 불과 5% 증가하는 반면에 공산물 산출은 실제의 69% 수준으로 떨어졌을 것으로 추계되었다. 농산물 수입과 공산물 수출에도 다소의 영향이 발생하였을 것이다. 그러나 가장 놀라운 결과는 고용 구조에서 발견된다. 농업 부문에 고용된 노동력의 비중이 실제 수준인 22%의 두 배가 넘는 47%에 이르렀을 것으로 추정되었다. 반면에 공업 부문의 고용 비중은 41%에서 28%로 크게 떨어졌을 것으로 나타났다. 영세 소농에 의한 자급자족형 경작은 농업 부문에 훨씬 많은 노동력을 필요로 하면서도 농산물 생산을 증대시키는 효과는 별로 가져오지 못하며, 대규모로 축소된 공업 부문의 고용은 공업 생산의 감소로 귀결된다는 뜻이다. 만일 영국 농업이 자본주의적 경작 체제로 발전해 가지 않았더라면, 농업에 종사하는 인구의 비중이 다른 유럽 국가들과 별 차이를 보이지 않았을 것으로 결론을 내릴 수 있다.[27]

이상의 논의를 통해 18세기 말에서 19세기 초에 이르는 시기의 농업 변화에 대해 새로이 주목할 가치가 있음이 명확해졌다.[28] 특히 자본

27 이것이 이 기간에 농업 인구가 공업 인구로 직접적으로 전환하였다는 의미는 아님에 유의하자. 농업 지역에서 공업 지역으로의 장거리 인구 이동은 제한적이었고, 긴 기간에 걸쳐 농업 인구가 겸업이나 도시 비공식 부문에의 일시적 취업, 그리고 단계적 이동 등을 통해 서서히 공업 지역 또는 도시 지역으로 옮겨 갔다는 연구가 많다. 송병건·김재호·리쇼-테일러(2007), pp. 107~140.

주의적 대토지 경영의 경향이 의회 인클로저의 전개 및 뒤를 이은 토지 소유의 집중화 과정에서 널리 확산되었음을 고려한다면, 그리고 의회 인클로저가 농업 기술 향상을 가능하게 만든 매개체 중의 하나였음을 상기한다면, 의회 인클로저의 영향과 의의에 대해서도 신중하게 재검토할 필요가 있다.

5. 의회 인클로저와 농업 변화

인클로저의 역사적 중요성

인클로저 일반에 대한 연구는 영국에서는 물론이고 유럽의 다른 국가들에서도 많이 이루어져 왔다. 앨런은 이 연구들을 종합해 유럽 각국의 경제 발전에서 인클로저가 지닌 중요성에 대해 평가를 하였다.[29]

1300~1800년의 장기간을 대상으로 잉글랜드와 웨일스, 벨기에, 프랑스, 네덜란드, 스페인, 이탈리아, 독일, 폴란드, 오스트리아-헝가리-체코슬로바키아의 자료를 분석한 끝에 그는 인클로저가 진행된 토

28 크래프츠와 할리의 분석법에 문제점이 없는 것은 아니다. 연산가능일반균형 모형에 사용한 경제변수가 제한되어 있고, 반사실적 가설을 도입한 분석을 위해서는 본문에서 제시된 것처럼 추가적인 가정이 필요하다. 그러나 기존의 부분균형적 접근법에 비해 논리적 우월성을 지닌다는 점은 부인하기 어렵다.

29 Allen(2003), pp. 403~443.

지가 전체 토지에서 차지하는 비율이 농업 생산성과 양의 상관관계를 보였다고 주장하였다.[30] 앨런의 추계에 따르면, 인클로저가 진행된 경지가 개방 경지에 비해 생산성이 18% 높았다.[31] 잉글랜드의 경우, 인클로저가 진행된 경지가 그렇지 않은 경지에 비해 10~25% 많은 생산량을 기록하였다는 연구들이 있다.[32]

기존 연구의 문제점

그러나 이런 접근법에는 중대한 문제점이 있다. 첫째, 이 연구들은 인클로저가 진행된 경지와 그렇지 않는 경지의 생산성을 비교할 뿐, 인클로저 전후의 생산성 변화를 추적하지는 않았다. 만일 인클로저가 진행된 경지가 그렇지 않은 경지와 원래 생산성이 달랐다면, 위의 접근법으로는 생산성의 실제 증가 여부나 증가 수준을 판별할 수 없다. 아래에서 살펴보겠지만, 비옥도가 높은 경지가 다른 토지보다 먼저 인클로저의 대상이 되었을 가능성이 높다. 둘째, 인클로저의 대상이 된 토지가 인클로저 이전에 비해 얼마나 생산성이 높았는가를 정확히 추계할 수 있다고 하더라도, 생산성의 차이가 무엇에서 기원하는지는 여전히 파악하기 어렵다. 생산성 증대가 인클로저로 인해 개방 경지가 지닌 비효율성을 극복하게 되어 발생한 것인지, 인클로저가 사료 작물의 도입을

30 계수 값은 0.18이며, 15% 수준에서 유의한 것으로 나타났다.
31 Allen(2003), pp. 419~420. 여기서 생산성은 총요소생산성을 의미한다.
32 Walton(1976); Yelling(1977), pp. 171~172, 203~204.

용이하게 만들었기 때문인지, 인클로저 이후에 성능 좋은 농기계의 사용이 확대된 결과인지, 인클로저 과정 및 이후에 진행된 경작 규모의 확대가 생산성 증대를 야기한 것인지, 정확하게 구분해 낼 방법이 없다.

터너(M. E. Turner)가 정확히 지적한 것처럼, 인클로저 자체가 생산의 증가를 자동으로 가져오는 것은 아니며, 다만 인클로저를 계기로 새로운 작물의 광범위한 도입, 효율적인 농기구의 활용도 증가, 새 윤작법의 확산, 유능한 차지농의 경작면적 증대 등 여러 요인 중 일부 혹은 전부가 작용해 산출의 증가를 낳게 되는 것이라고 보는 게 타당할 것이다.[33] 인클로저는 법제적으로는 중세적인 공동 경작 및 소유 체제를 대신해 근대적인 사적 토지 소유 제도를 확립하는 과정이었다는 의의를 지니며, 경제적으로는 경작 방식과 규모의 변화를 촉진할 수 있는 여건을 마련하였다는 데 중요성이 있다.[34]

이제 우리는 더 이상의 엄밀한 분석이 어려운 생산성에 대한 논의를 접어 두고, 논의의 초점을 농업혁명에 관한 전통설의 대상이었던 18세기 후반~19세기 초반의 시기에 농업 변화를 이끌었던 의회 인클로저로 돌려보기로 하자.[35]

---

33 Turner(1986), pp. 669~692.

34 인클로저의 실시가 기존의 토지 임차 계약을 새로이 갱신하는 기회를 제공해 주었으며, 특히 20년 이상의 장기 계약의 경우 단기 계약으로 전환하는 사례가 많았음에 주목하는 역사가도 있다. 앨런은 18세기 이래의 인클로저가 생산성을 증대시키는 효과보다는 지대의 인상을 통해 상대적으로 지주의 이익분이 커지게 하는 소득재분배 효과를 낳았다고 주장하였다(Allen, 1992).

35 이 시기에 농업 생산이 정체되었던 것은 아니다. 그간의 연구 중에는 의회 인클로저의 시기에 생산의 증대가 발생하였다는 주장이 적지 않다. 예를 들어, 딘과 콜은 산출 증가율이 1705~1775년에 연평균 0.40%였다가 1775~1845년에는 1.80%로 빠른 증가를 나타냈

두 차례의 인클로저

인클로저의 역사를 돌아보자면 인클로저는 크게 두 종류로 구분할 수 있다. 인클로저는 15세기 후반 이래 19세기 중반까지 장기간에 걸쳐 진행되었는데, 전반기에는 이해당사자들이 법률적 수단에 의존하지 않고 자율적인 합의에 기초해 인클로저를 진행하였다. 양모 가격이 상승하는 시장 환경 속에서 각 지역에서 양 사육을 늘리고자 인클로저 사업을 추진하였다. 반면에 18세기 중반부터는 의회에서 입법을 통해 인클로저를 진행하는 방식이 우세하였는데, 이 시기에는 밀 가격의 상승에 대응해 지주가 밀 경작지를 확대하는 것을 주된 목적으로 인클로저를 주도하였다.

전통적인 자발적 인클로저와 달리 18세기 이후부터는 공식적 입법 과정을 통해 인클로저를 진행한 이유는 무엇일까? 그것은 다수의 소농이 인클로저에 반대하는 경우 자발적인 합의를 통해 인클로저를 실시하는 것이 어렵기 때문이었다. 의회의 입법은 이런 반대에도 불구하고 소수의 대토지 소유자가 인클로저 사업을 진행할 수 있도록 법적 강제 수단을 제공하였다. 즉, 이해당사자들이 인클로저 실시 여부를 놓고 실질적으로 만장일치로 합의를 해야만 하는 전통적 방식을 대신해서, 의회 인클로저의 경우 소유 면적에 비례하여 투표권을 행사하는 체제로 전환되어 인클로저 대상이 되는 토지 면적의 2/3 내지 4/5를 소유한 주

다고 주장하였다. 한편, 앨런은 산출 증가율이 앞 시기에 0.80%, 뒤의 시기에 0.90%를 보였다고 새롭게 추계하였다(Overton, 1991, p. 75).

민의 동의만 있으면 사업이 진행될 수 있다는 점, 즉 비자발적 요소가 의회 인클로저의 핵심적 특징이다.[36]

인클로저에 저항한 사람들

그렇다면 이 시기에 인클로저에 저항한 세력은 누구일까? 인클로저가 진행될 경우 자신의 경제적 지위가 하락할 것으로 예상한 주민일 것이다. 이런 반대자는 당시의 맥락에서 볼 때 공동권(common right)과 관습권(customary right)을 보유하고 있으면서 인클로저로 인해 그 가치를 충분한 규모의 토지로 보상받지 못할 것으로 예상하거나, 보상을 받더라도 할당을 받게 될 토지의 규모가 너무 작아 가계 유지가 힘든 지역민이 대부분이었을 것이다. 인클로저 이전에 이런 권리들이 영세 소농에게 얼마나 남아 있었는지, 그리고 인클로저에 의해 이 권리들이 얼마나 축소되었는지는 아직도 논란의 대상이다.[37] 그러나 많은 하층민이 인클로저에 반대하였다는 점에 대해서만큼은 논란의 여지가 없다.[38]

18세기 말에서 19세기 초에 이르는 기간에 발생한 인클로저가 모두 의회 인클로저의 범주에 들어가는 것은 아니다. 이 기간에도 이해당사자들 사이의 사적인 합의를 통해 자발적인 방식으로 진행된 인클로저가 있다. 그러나 의회 인클로저를 제외한 인클로저는 개별 진행 과정을

36 Hammond and Hammond(1911), p. 49; 송병건(2008b), pp. 86~93.

37 Humphries(1990), pp. 17~42; King(1991), pp. 461~476; Neeson(1993); Shaw-Taylor(2001), pp. 95~126.

38 예를 들어, Eastwood(1996).

정확하게 파악하기 어렵고, 또한 정확한 시기와 규모는 물론이고 실제로 사업이 완수되었는지조차도 판별하기 어려울 경우가 많다. 때로는 한 마을 안에서도 일부 토지에서만 한 시점에 인클로저가 이루어졌다가 점차 여러 번에 걸쳐 추가적으로 인클로저가 진행된 경우도 존재한다. 이런 난점 때문에 우리는 신뢰할 만한 데이터가 구축되어 있는 의회 인클로저만을 분석의 대상으로 삼는다.

의회 인클로저의 범위와 대상 토지의 성격에 대해서는 그간의 논의를 간략하게 정리할 필요가 있다. 터너의 추계에 따르면, 잉글랜드 전체 면적의 21%가 1750~1819년에 인클로저가 진행되었으며, 이 가운데 2/3가 개방 경지를 포함한 토지가 대상이었고 나머지는 공동지였다. 잉글랜드 남부지방의 대부분 지역에서 의회 인클로저의 대상이 된 토지 가운데 공동지의 비중은 10% 미만이었고, 특히 의회 인클로저가 가장 활발하였던 남부 미들랜드에서는 그 비중이 5%에도 미치지 못하였다.[39] 그 후 많은 연구가 터너의 추정치에 기반을 두고서 진행되었다.

이에 대해 채프만(L. D. Chapman)은 실증적 연구를 통해 반박하였다. 그는 잉글랜드 의회 인클로저의 사례 중 10%를 무작위로 추출해 분석하였는데, 그 결과 60%에 가까운 인클로저가 공동지를 포함한다는 것을 밝혀냈다. 그리고 터너 추계와 자신의 추계가 현격한 차이를 보인 원인은 터너가 공동지를 독립적 항목으로 구분하지 않았던 탓이라고 지적하였다.[40]

39 Turner(1980), pp. 32~34, 63~71.
40 Chapman(1987), pp. 25~35.

열린 교구-닫힌 교구 모형

의회 인클로저의 진행 과정에 관해서는 이른바 '열린 교구-닫힌 교구 모형'을 이용해서 체계적인 설명이 가능하다. 근대 초기 이래 각지에서 개별 촌락이 독특한 경제적, 사회적, 인구학적 특성을 발전시켜 왔으며, 상이한 특성을 지닌 촌락들 사이에 노동 이동과 빈민세 부담을 둘러싸고 복잡한 공생적 상호 작용이 존재하였다는 주장을 도식화한 것이 열린 교구-닫힌 교구 모형이다.[41]

이 모형에 관한 연구들이 제시해 온 촌락의 유형적 특징들이 〈표 2-4〉에 제시되어 있다. 열린 교구는 분산된 토지 소유 구조, 높은 빈민 구호 부담, 영세농과 비농업 부문의 존재, 높은 인구 압력 등을 주된 특징으로 한다. 반대로 닫힌 교구는 집중된 토지 소유 구조, 낮은 빈민 구

표 2-4 촌락 구조상의 특징들

요소	열린 교구	닫힌 교구
토지 소유 구조	다수의 소토지 소유자	소수의 대토지 소유자
빈민 구호 지출	높은 빈민세	낮은 빈민세
경제 구조	소규모 농장 영세 자영 노동 중심 농촌 공업 활발	대규모 영지 차지농과 임금 노동자 중심 곡물 재배에 특화
인구	높은 인구 밀도 빠른 인구 성장	낮은 인구 밀도 느린 인구 성장

자료: 송병건(2008b), p. 63에서 발췌.

41 이 모형에 관한 이론적 논의는 Spencer(2000), pp. 83~98.

호 부담, 전업적 농업 생산, 낮은 인구 압력 등이 특징이다.[42]

인클로저와 열린 교구-닫힌 교구

열린 교구는 닫힌 교구에 비해 인클로저를 주도할 지주 세력이 미약하고, 높은 인구 압력과 빈민 구호 부담에서 유추할 수 있듯이 소농과 하층민의 규모가 커서, 인클로저에 반대할 개연성이 컸다. 이와 대조적으로 닫힌 교구에서는 소수의 대지주가 마을에 대해 통제력을 강하게 행사하고 있으며, 그 영향력 아래에서 다른 교구민들에 비해 나은 생활 수준을 누리고 있는 적은 수의 주민들만이 거주하고 있다. 그래서 지주가 제시하는 인클로저 계획에 반대할 가능성이 낮다. 그러므로 열린 교구는 닫힌 교구에 비해 이른 시기에 의회 인클로저를 경험하였을 것으로 추정할 수 있다.[43]

의회 인클로저의 결정 요인에 관한 기존의 연구에 나타난 일부 주장도 열린 교구-닫힌 교구 모형을 이용해 재해석할 수 있다. 대표적인 사례가 횡단면 자료를 이용해 의회 인클로저의 결정 요인을 분석한 리

42 이 밖에 주거 환경이나 종교적 성향 등에서도 차이가 나타난다. Mills and Short(1990); Song(2002), pp. 203~224.

43 더 나아가 인클로저의 전개가 열린 교구-닫힌 교구의 차이를 더 확대하는 효과를 보였다는 점도 확인할 수 있다. 열린 교구와 닫힌 교구의 '개방성'(openness) 정도를 분석한 결과, 인클로저 이전보다 인클로저 이후에 열린 교구의 개방성이 심화하고 닫힌 교구의 개방성이 약화해, 촌락의 양극화가 심화하는 양상이 나타났다(송병건, 2008b, pp. 101~104). 1850년대~1880년대에 의회에서 빈민법 개정을 둘러싸고 격렬하게 진행된 '열린 교구-닫힌 교구 논쟁'이 바로 의회 인클로저로 인해 격화된 촌락 간 차별화를 배경으로 하고 있다(Caplan, 1978, pp. 267~300; Banks, 1988, pp. 51~73).

네만(P. D. Linneman)의 연구다. 그는 인클로저를 설명하는 독립변수로서 문해율을 강조하였다. 인클로저는 토지 이용을 합리적으로 재구성하는 것이며, 따라서 문해율이 높은 마을일수록 인클로저 운동에 적극적이었을 것이라는 게 그의 해석이다. 즉, '계몽된' 인구가 많은 지역일수록 인클로저가 일찍 전개되었을 것이라고 그는 추측하였는데, 분석의 결과도 이 변수가 통계적으로 유의한 양의 상관성을 보인 것으로 나타났다.[44]

그러나 문해율이 인클로저의 시기를 결정하는 직접적인 요인이었다고 보는 데에는 여러 난점이 있다. 인클로저는 대부분 지주에 의해 추진되었고, 지주는 문해율이 전반적으로 아주 높은 집단이었다. 일반민의 문해율을 인클로저에 대한 수용성과 직접 연결하는 것은 무리라고 생각된다. 문해율이 인클로저 운동에 미치는 영향은 다른 경로를 통해 작동하였을 것으로 추정된다. 즉, 문해율이 상대적으로 높은 마을은 주민이 높은 생활 수준을 보이고 지주의 온정주의적 영향력 아래에 놓인 닫힌 교구의 속성을 보이는 경향이 강한데, 이런 닫힌 교구는 앞에서 살펴본 다른 이유들 때문에 인클로저에 적극적인 태도를 보였을 것이다. 이와 반대로 문해율이 낮은 마을은 열린 교구로서의 특성 때문에 인클로저에 대해 저항이 컸을 것이다.

장시가 열리는 마을에서 인클로저가 상대적으로 늦었는데, 그 이유가 비농업 인구가 많아 인클로저에 소극적이었기 때문이라는 리네만의

44 Linneman(1978), p. 224.

주장도 마을의 구성적 특징과 관련해 달리 설명할 여지가 있다.[45] 즉, 장시가 열리는 마을은 전형적인 열린 교구로서, 소규모의 공동권이나 관습권을 가진 하층 인구가 많았으므로 공통의 합의를 도출하기 어려운 속성을 지녔다. 따라서 장시를 개설하는 마을인지 아닌지의 효과를 둘러싼 논의는 열린 교구-닫힌 교구 모형의 틀 안으로 통합될 수 있다.[46]

지금까지 살펴본 것을 정리해 보자. 열린 교구-닫힌 교구 모형은 의회 인클로저의 추이를 설명하는 유용한 분석 틀이 된다. 실제로 열린 교구가 닫힌 교구에 비해 의회 인클로저의 시기가 상대적으로 늦었다는 실증적 연구가 있다.[47] 그리고 기존 연구가 강조하였던 설명 변수들 가운데 일부는 이 모형을 통해 재해석을 함으로써 분명히 더 큰 설득력을 지닐 수 있다.

---

45 Linneman(1978), p. 226.

46 의회 인클로저의 결과로 열린 교구-닫힌 교구 체제가 더 강화되었다는 점은 의회 인클로저가 촌락민들의 경제적 지위에 끼친 효과와 관련해서도 시사하는 바가 크다. 인클로저로 인해 주민들이 경험하게 된 경제적 변화가 교구의 특성에 따라 크게 다르다는 점을 상기시키기 때문이다. 이는 특히 의회 인클로저의 효과를 토지세 대장에 나타난 토지 소유 규모의 변화를 통해 살펴보았던 많은 연구가 긴터(D. E. Ginter)의 결정적 비판으로 근거를 상실한 이후 의미가 더 크다(Ginter, 1992). 그 후 인클로저의 경제적 효과에 관한 연구는 주로 공동권과 관습권이 얼마나 감소되었는지 추정하는 작업에 집중되어 왔다.

47 대표적으로 Neeson(1993).

6. 맺는 글

농업혁명에 관한 연구사를 돌아보면 크게 두 가지 특징을 찾아볼 수 있다. 첫째, 초기의 연구자들은 전통적 공동 경작 체제 대신 개별적 영농 체제가 등장하였다거나, 농업 노동자층이 대두하였다거나, 삼분제가 새로운 농업 생산 방식으로 자리를 잡았다거나, 토지 소유 규모와 경작 규모가 크게 증대되었다거나 하는 사회적이고 제도적인 변화에 주목하였다. 반면에 현대로 올수록 논의의 초점은 농업 생산의 증대와 생산성의 향상으로 옮겨 갔다.

둘째, 16세기부터 19세기에 이르기까지 장기간에 걸쳐 복수의 요인에 의해 농업 생산성 증대가 발생하였다. 구체적으로 보자면, 1550~1650년에는 전환농법의 확산이, 1700~1750년에는 사료 작물의 도입이, 그리고 1830년대 이후에는 비료 구입과 집약적 사용이 중요한 역할을 한 것으로 나타난다. 이에 따라 전통적으로 농업혁명의 시기라고 이해되었던 18세기 중반~19세기 초반은 점차 농업혁명 연구가들의 관심에서 벗어나게 되었다.

연산가능일반균형 모형을 활용한 분석은 18세기 중반~19세기 초반의 중요성을 다시 일깨우는 결과를 보여 주었다. 이 시기 농업 기술의 발달은 농업 생산을 크게 증대시켰으며, 자본주의적 대규모 경작 체제의 등장은 농업에 종사하는 인구의 비율을 획기적으로 줄인 것으로 나타났다. 이와 같은 변화는 당시에 진행된 의회 인클로저와 밀접한 관련성을 보였다. 의회 인클로저가 지니는 특수성은 과거의 인클로저와 달리 공동권과 관습권의 상실을 우려한 영세 소농의 반대에도 불구하고 법적 도움을 얻어 인클로저 사업을 추진할 수 있게 하였다는 점에 있다. 달리 말하면, 강제적 성격을 지닌 입법이 필요하였던 이유가 바로 인클로저에 대한 저항을 무력화하려는 지주층의 의도에 있었다는 것이다.

농촌 사회의 구조를 이해하는 분석 틀로 인정되어 온 열린 교구-닫힌 교구 모형이 의회 인클로저의 진행 추이를 설명하는 데 유용하다는 점도 확인할 수 있었다. 닫힌 교구에서는 주도적인 대토지 소유자의 영향력 아래에 의회 인클로저가 이른 시기에 무난히 진행되는 경향이 있었던 반면, 열린 교구에서는 의회 인클로저에 대한 저항 때문에 사업이 지연될 가능성이 높았다.

이상의 논의를 통해 18세기 중반에서 19세기 초반에 이르는 시기의 중요성을 강조하였다. 일부 연구자들이 주장하듯이 농업혁명의 역사에서 이 기간의 중요성이 그간 '과장'되어 왔다고 볼 수 없다는 근거들을 제시하였다. 전통설의 세부 주장이 모두 인정받기는 어렵지만, 이 기간이 영국 경제사, 특히 농업사에서 큰 중요성을 갖는 시기였다는 점에 대해서는 충분히 인정할 만하다고 하겠다.

3

제3장 지식혁명

산업계몽주의는 생각을 어떻게 변화시켰나?

1. 지식혁명의 중요성

지식 기반 사회의 개념

18~19세기 영국의 근대화 과정을 이해하는 데 유용한 '혁명' 가운데 '지식혁명'을 빼놓을 수 없다. 지식혁명은 근대화의 일부를 이루거나 혹은 근대화에 선행하는 역사적 과정으로 인식된다. 지식혁명의 내용과 중요성을 이해하기 위해서는 '지식 기반 사회'(knowledge-based society)라는 개념을 논의의 출발점으로 삼는 것이 유용하다. 간단히 말하자면, 지식 기반 사회는 지식과 정보가 차지하는 중요성이 과거와 비교가 되지 않을 정도로 큰 사회를 말한다.

경제와 사회의 구조와 위계, 질서를 결정하는 요인으로서 노동이나 자본을 중시하던 기존의 주장을 대체해 지식과 정보가 훨씬 중요한 요인이라고 보는 주장은 1960년대부터 본격적으로 등장하기 시작하였다. 사회학자 대니얼 벨(Daniel Bell)이 1962년에 기술과 사회 변동의 관계를 다루는 한 토론회에서 발표한 내용이 초창기 논의의 대표적 사례로 알려져 있다. 그렇지만 보다 본격적 논의는 경영학자 피터 드러커(Peter Drucker)가 1993년에 발간한 저서 『자본주의 이후의 사회』에서 이루어졌다고 볼 수 있다.[1] 드러커에 따르면, 자본주의가 충분히 성숙한

1 드러커(2002).

사회에서는 지식의 중요성이 크게 확대되어 마침내 지식이 부를 창출하는 가장 중요한 원천으로 작용하게 된다. 현대 경영학의 분석 틀을 이용해 말하자면, 창조적 지식이 가치사슬(value chain)의 각 단계에 적용됨으로써 생산성을 비약적으로 증대시키고 혁신을 폭발적으로 일으킨다는 주장이다.

드러커의 지식 기반 사회 논의는 20세기 후반에 두드러지게 발생한 블루칼라 노동의 몰락을 배경으로 전개되었다. 전통적인 노동자 계층의 역할이 축소되면서 그 자리를 지식노동자 계층이 메우는 현상이 발생하였다. 특히 컴퓨터 및 정보통신 산업이 빠른 속도로 성장하는 기술적 변화를 바탕으로, 기존의 노동자들과는 특성이 전혀 다른 노동자들이 경제의 중요한 축으로 등장하였다. 이런 사회를 드러커는 '자본주의 이후'(post-Capitalist) 사회라고 칭하였다. 이 호칭이 타당한가에 대한 논의를 별도로 하고 보면, 지식 기반 사회라는 성격 규정은 매우 시의적절할 뿐만 아니라 향후 경제적, 기술적 변화의 방향을 절묘하게 예측하는 혜안을 보여 주었다고 평가할 수 있다.

연구의 목적

그렇다면 지식 기반 사회는 자본주의가 충분히 성숙한 시기에만 적용될 수 있는 개념인가? 20세기 말 이전의 역사 단계에서는 지식 기반 사회적인 요소를 찾아볼 수 없는가? 지식과 정보의 축적이 과거에 미미하다가 20세기 말에 와서야 폭발적으로 증가하였다는 주장은 지나치게 단순하고 근시안적이어서 수긍하기 어렵다. 적어도 과학혁명이 진행되기 시작한 17세기경 이래 인류의 지식과 정보가 장기적으로 누적되어 오늘날의 경제를 만들었다고 보는 게 역사적 전개에 더 부합한 해석일 것이다.

지식이 경제에 끼친 영향은 장기간에 걸쳐 서서히 확대되고 증폭해 왔다고 봄이 타당하다. 물론 이것이 지식의 영향이 시간의 경과에 따라 동일한 속도로 확대되었다는 뜻은 아니다. 시기에 따라 지식의 영향이 빠르게 커지기도 하고 느려지거나 심지어 감속을 경험하기도 하였을 것이다.

이 연구는 시간을 거슬러 올라가 18~19세기에 대해서도 지식 기반 사회의 시각이 적용될 수 있는 여지가 많다는 점을 밝히고자 한다. 이 시기에 지식 기반 사회가 전면적으로 도래하였다고 평가하기는 어렵겠지만, 동시대의 많은 혁신이 지식과 정보의 발달을 통해 이루어졌고, 이것이 눈부신 경제 성장을 가능하게 한 추동력이었다고 주장할 근거가 충분하다는 것이다. 이런 면에서 '지식혁명'이 이미 산업혁명 시기에 발생하였다고 볼 수 있다는 것이 본 연구가 주장하고자 하는 핵심이다. 과연 어떤 근거에서 산업혁명을 지식혁명의 관점으로 해석하는 것이 정당화될 수 있는지 논의를 시작해 보자.

2. 지식혁명의 흐름

종교개혁 시기의 지식

근대 초기 이후에 서구의 지식 지형도는 어떤 변화를 경험하였을까? 많은 역사가가 16세기에 시작된 종교개혁(Reformation)이 지식 지형도에 혁명적인 변화를 초래하였다고 주장한다. 과연 이 주장은 타당한가? 그리고 만일 이 주장이 타당하다면 종교개혁 시대의 어떤 측면이 이런 변화를 초래하였나? 서구 국가들의 문해율 추이를 가지고 이에 대해 논의해 보자.

16세기를 기준으로 볼 때 유럽인들의 평균적 문해율은 매우 낮은 수준에 머물고 있었다. 〈표 3-1〉은 1575~1870년 기간에 자신의 이름을 쓸 수 있는 사람의 비율로 측정한 문해율을 보여 준다.[2] 1575년에 자료를 가진 5개국 가운데 네덜란드가 44%로 가장 높았고 영국이 11%로 가장 낮았다. 그만큼 영국은 유럽의 지식 지형에서 변방에 속해 있었다.

그러나 유럽인들의 문해율은 16세기 이후 눈에 띄게 증가하였다. 다수 국가에 대한 추계가 존재하는 1775년을 기준으로 잡아 보면, 네덜란드 74%, 독일 50%, 영국 50%, 프랑스 41%, 벨기에 46%, 이탈리아 22% 등으로 과거에 비해 높은 수치를 기록하였다. 1870년에는 이 국가

2 A'Hearn(2014), pp. 1~52.

표 3-1 서명 가능자 비율, 1575~1870년 (단위: %)

국가	1575	1625	1675	1725	1775	1820	1870
스위스	–	–	12	23	17	–	85
네덜란드	44	49	58	65	74	67	81
덴마크	–	–	–	20	47	–	81
독일	–	–	26	62	50	65	80
스웨덴	–	–	–	–	23	75	80
영국	11	15	30	36	50	53	76
프랑스	–	–	20	26	41	38	69
벨기에	–	–	–	–	46	–	66
노르웨이	–	–	–	–	21	–	55
오스트리아	–	–	–	–	21	–	40
이탈리아	23	–	–	–	22	22	32
스페인	26	38	–	20	–	20	20
헝가리	–	–	–	16	18	–	–
러시아	–	–	2	–	4	8	15
튀르키예	–	–	–	–	–	6	9

자료: A'Hearn(2014), p. 41.

들이 32~81%로 더욱 높은 수치를 보여 주었다. 영국은 76%로 최상위권은 아니지만 대체로 높은 수준을 기록하였다. 오랜 기간 문해율 후진국이었던 스위스는 85%로 수위를 차지하였다.

한 가지 흥미로운 점은 종교개혁 시기에 신교를 택한 국가들이 구교로 남은 국가들에 비해 눈에 띄게 높은 문해율 상승률을 보여 주었다는 사실이다. 〈표 3-1〉은 1870년을 기준으로 문해율이 높은 순서로 국가들을 정리하고 있는데, 상위를 차지한 국가들은 스위스, 네덜란드, 덴마크, 독일, 스웨덴, 영국 등 신교의 영향력이 강한 국가들이었다. 반면에 프랑스, 벨기에, 이탈리아, 스페인 등 구교의 영향권에 놓여 있었던 국가들에서는 문해율의 상승이 비교적 제한적이었다.

베버(Max Weber)는 저서 『프로테스탄트 윤리와 자본주의 정신』에서 신교 지역이 구교 지역에 비해 경제 발전에서 높은 수준의 성취를 이룬 이유를, 신교의 직업 윤리와 생활신조가 자본주의적 경제 발전에 부합하였기 때문이라고 설파하였다. 그런데 표가 보여 주는 추세는 신교의 우위에 대해 베버와는 다른 해석의 여지를 시사한다. 구교에서는 신부와 같은 성직자가 신의 뜻을 신도에게 설명하고 확인해 주는 역할을 담당하는 반면에, 신교에서는 신도가 성서를 직접 읽고서 신의 뜻을 찾는 방식을 강조한다. 따라서 매개자로서 성직자의 역할이 강조되었던 구교 지역과 달라 신교 지역에서는 신도 개인이 글을 읽고 이해하는 능력을 갖추는 것이 매우 중요하게 여겨졌다. 이런 배경에서 신교 지역에서 문해율의 상승률이 높았던 이유를 설명할 수 있을 것이다.[3]

각국의 1,000명당 연간 도서 소비량을 보여 주는 통계를 통해 이 주제에 대해 좀 더 상세히 살펴볼 수 있다. 〈표 3-2〉는 16세기 중반부터 18세기 말까지 유럽 각국의 추계치를 보여 준다. 1751~1800년에 이 수치가 높은 국가부터 순서대로 나열하였고, 마지막 줄에 서유럽 전체의 평균 수치를 표시하였다.[4]

3 Dittmar(2011), pp. 1133~1172; Renneboogm and Spaenjers(2012), pp. 103~127; Cantoni (2015), pp. 561~598.

4 Buringh and van Zanden(2009), pp. 409~445.

표 3-2 1,000명당 연간 도서 소비량, 1551~1800년 (단위: 권/1,000명)

국가	1551~1600	1601~1650	1651~1700	1701~1750	1751~1800
네덜란드	34	139	259	391	488
스웨덴	1	40	59	84	209
영국	27	80	192	168	192
독일	43	54	79	100	122
프랑스	34	52	70	59	118
이탈리아	51	42	56	48	87
아일랜드	0	4	14	62	78
벨기에	48	33	74	31	45
스위스	79	9	15	14	32
스페인	4	9	14	19	28
폴란드	1	6	6	10	23
기타	2	2	5	5	18
러시아	0	0	0	1	6
서유럽	29	41	67	67	122

주: (연간 도서 출판량) + (신판 수입량).
자료: Buringh and van Zanden(2009), p. 422.

1551~1600년에는 이탈리아, 벨기에가 네덜란드, 영국, 독일보다 높은 수준을 나타냈다.[5] 그런데 17세기 초부터 이 순위에 주목할 만한 변화가 발생하였다. 네덜란드가 1,000명당 연간 도서 소비량이 139권이라는 압도적인 수치를 보여 주었고, 영국이 80권으로 2위를 기록하였다. 이에 반해 이탈리아는 42권, 벨기에는 33권으로 오히려 50년 이

5 다른 기간에 비해 이 시간에 예외적인 수치를 보인 스위스는 논외로 한다.

전 시기보다 하락하였다. 1651~1700년에는 이 추세가 더욱 선명해졌다. 네덜란드가 251권, 영국이 192권을 기록한 것과 대조적으로 이탈리아는 56권, 벨기에는 74권에 머물렀다.

마지막 기간인 1751~1800년까지도 이런 추세는 대체로 계속되었다. 그리하여 연간 도서 소비량이 네덜란드(488권), 스웨덴(209권), 영국(192권), 독일(122권)의 순서였으며, 뒤를 이어 프랑스(118권), 이탈리아(87권), 아일랜드(78권), 벨기에(45권)가 순위를 차지하였다. 앞의 네 나라는 모두 신교 국가이며, 뒤의 네 나라는 모두 구교 국가라는 점에 시선이 간다. 문해율 자체만이 아니라 실제 도서 소비량에서도 신교-구교 국가 사이에 차이가 뚜렷하게 나타났다.

과학혁명

근대 초 유럽에서는 세상을 이해하는 방식에 혁명적인 변화가 발생하였다. 중세적인 신학적 세계관을 버리고 인간의 합리성과 경험에 기초하여 새롭게 쌓아 올린 지식 체계가 등장하였다. 특히 자연과학 분야에서 가장 도드라졌던 이 변화가 '과학혁명'(Scientific Revolution)이다.[6] 과학혁명은 어떤 과정을 거쳐 이루어졌고, 이것이 인류의 역사에 끼친 영향은 무엇일까? 특히 유럽이 아시아에 대해 헤게모니를 갖게 되는 데에 과학혁명은 어떤 역할을 하였을까?

6 과학혁명의 개념을 확립한 연구로는 Butterfield(1957).

과학혁명이 가장 활발하게 진행된 분야는 물리학과 천문학이었다. 16세기 초반까지도 우주의 구조와 운행에 관한 통설은 아리스토텔레스의 견해를 중세 신학자들이 기독교 교리와 조화시킨 이론이었다. 아리스토텔레스는 만물의 운동과 변화가 '자연 본성'에 의해 발생한다고 보았다. 이런 목적론적 세계관은 우주의 구조와 운행 원리에 대한 그의 설명으로 이어졌다. 지구가 우주의 중심에 고정되어 있고 이를 중심으로 행성들이 궤도를 형성하고 있으며, 지상계와 천상계에 적용되는 법칙이 상이하다는 이원론적 모형이었다. 이 모형에 대한 비판은 코페르니쿠스(Nicolaus Copernicus)로부터 시작되었는데, 새로운 논의는 지구를 포함한 행성이 태양을 중심으로 돈다는 새로운 가설로 이어졌다. 이어서 케플러(Johann Kepler)는 브라헤(Tycho Brahe)가 남긴 방대한 관측 자료를 이용해 행성의 움직임을 설명하는 이론을 제시하였다. 케플러는 코페르니쿠스의 가설을 수학적으로 정교화하는 성과를 거두었다.

뒤를 이어 갈릴레이(Galileo Galilei)는 망원경을 개발하여 면밀한 관찰을 진행한 끝에 지동설을 확인하였으며, 관성과 가속도에 관한 여러 법칙을 정립하였다. 천체물리학 분야에서 정점을 찍은 인물은 뉴턴(Issac Newton)이었다. 그는 코페르니쿠스와 케플러의 천문학을 갈릴레이의 물리학과 통합하는 데 성공하였다. 중력의 법칙을 핵심으로 하는 그의 이론을 담은 『프린키피아』(*Principia*)는 과학혁명을 상징하는 지적 기념물로 되었다.[7] 일련의 연구들은 오랜 기간 통설의 지위를 차지하였던 기존의

7 양동휴(2014), pp. 120~123.

우주관이 더 이상 설득력이 없음을 보여 주었다. 인간적 관점이 가져오는 오류와 편견을 버리고 목적론적 우주관을 폐기하면서 대신 새로운 방법으로 우주를 관찰하고 이해하는 길이 열린 것이었다.

이렇듯 과학혁명 시대는 대단한 과학자들이 연이어 등장한 시기였다. 그렇지만 과학혁명은 사실 소수의 천재에 의해 이루어진 것이 아니었다. 3세기에 걸친 끊임없는 연구와 관찰과 실험 끝에 결실을 거둔 것이다. 뉴턴이 표현한 것처럼 앞선 '거인들의 어깨 위에서' 추가적인 업적을 만들어 냄으로써 이런 성과를 거둘 수 있었다.[8]

유럽의 특징

과학혁명이 지구상의 다른 곳이 아닌 유럽에서 발생한 이유는 무엇일까? 14~15세기에 수학, 천문학, 물리학이 학문의 중심을 차지하는 데 중세 대학이 중요한 역할을 하였다. 르네상스 시대는 자연과학적 관심을 일깨우고 세속적 차원의 개선에 대한 여론을 환기해 주었다. 당시 유력한 가문들이 유지하였던 후원 체계가 우수한 두뇌를 활용할 수 있게 해 주었고, 동시대에 개발된 망원경, 현미경, 온도계, 기압계 등이 과학적 지식 획득의 중요한 수단으로 기능하였다.

과학적인 연구 방법을 확립한 대표적 인물로 데카르트(René Descartes)와 베이컨(Francis Bacon)이 손꼽힌다. 데카르트는 이성에 기초해 올바른

8 Shapin(1996).

지식을 얻고 축적할 수 있다고 믿었다. 그는 이른바 '기계적 철학론'을 주창하였는데, 이에 따르면 세상의 모든 자연 현상은 입자의 운동과 충돌로써 설명될 수 있는 것이었다. 그는 사람의 감각도 외부의 입자들이 인간의 신체 특정 부위에 충돌함으로써 발생한다는 독특한 해석을 전개하기도 하였다. 데카르트의 기계적 철학론은 아리스토텔레스의 목적론적 세계관에 대해 근본적인 단절을 주장한 것이었다.

베이컨도 신학적 도그마를 벗어나 비판적 접근을 해야 한다는 면에서 데카르트와 맥을 같이하였다. 그러나 베이컨은 경험에 대한 관찰의 중요성을 강조하고 실험이 지식의 중요한 기반이라고 보았다는 점에서 특징적이었다. 나아가 그는 과학적 지식이 현실에서 인류의 삶을 개선하는 데 유용하게 쓰일 수 있다고 적극적으로 주장하였다. 그가 과학자들의 연구를 지원하고 협력에 유용한 조직을 구축해야 한다고 주장한 것은 바로 이런 태도의 연장선에서 이해될 수 있다. '솔로몬의 집'이라고 그가 명명한 과학 연구 기관의 이상은 1660년 왕립협회(Royal Society)의 창립이라는 형태로 실현되었다.

이런 변화를 거쳐 유럽에서는 종교적 세계관이 합리적 세계관에 자리를 내주었는데, 이 영향은 단지 학문적 성과에 머물지 않았다. 과학혁명의 영향은 거대한 정신혁명이라고 부를 만한 것이었다. 사람들의 종교관은 물론이고 일상생활에서 사고하고 판단하는 방법, 이를 둘러싼 사회적 제도, 문화적 가치 등에도 엄청난 변화가 발생하였다.

과학혁명이 보여 준 정치적 함의도 각별하게 주목할 만하다. 당시 절대왕정은 왕권신수설을 정치적 이념으로 삼고 있었으므로, 과학혁명은 절대주의의 기반을 약화하고 결국 시민혁명에 힘을 실어 주는 효과를 보였다. 간단히 말해, 과학혁명은 사람들의 인식 방법에 폭넓게 혁명적인 변화를 초래하였고, 이런 변화가 가져온 새로운 사회적 제도와 정치적 질서는 본격적인 근대 사회를 개막하는 데 핵심적인 역할을 하였다. 또한 인간 능력에 대한 낙관적 견해를 널리 전파하였다는 점도 의미가 크다. 이는 과학혁명이 계몽주의 사조와 연결될 수 있는 고리의 하나로서 작용하였기 때문이다.

계몽주의

계몽주의(Enlightenment)는 18세기 유럽을 휩쓴 사상적 흐름이었다. 계몽주의는 간단히 말해 인간의 합리성에 대한 신뢰가 가득한 사고 체계였다. 독일의 계몽주의 사상가 칸트(Immanuel Kant)가 1784년 말한 것처럼 "과감히 알려고 하라! 너 자신의 지성을 사용할 용기를 가져라"라는 자세를 담은 정신적 사조였다. 달리 표현하자면, 계몽주의는 이성을 인간과 사회에 적용함으로써 세계에 진보를 가져다줄 수 있을 것이라는 정신적 태도였다.[9]

계몽주의가 역사적으로 극복의 대상으로 삼은 것은 중세 사회에 특징적이었던 봉건적 정치권력, 신분제적 질서, 교회의 권위 등이었다. 이들의 권력과 지배가 가져오는 편견, 독단, 몽매, 광기, 미신 등에 저항해 '이성의 빛'(lumen intellectus)을 무기로 새로운 세계를 만든다는 것이

9 이영림·주경철·최갑수(2011), p. 402.

계몽주의가 추구한 목표였다.

계몽주의는 과학혁명으로부터 많은 특성을 물려받았다. 자연과학의 방식이 인간과 사회의 모든 측면을 이해하는 수단이어야 한다고 보았다. 이성에 입각한 합리적이고 비판적이고 과학적인 사고방식만이 세계에 대한 올바른 인식을 가능하게 해 준다는 주장이었다.

예를 들어, 데카르트의 '방법론적 회의'는 기성의 권위라는 굴레로부터 지성이 독립해 아무런 편견 없이 온전히 드러날 수 있는 기반을 마련해 주었다. 라이프니츠(Gottfried W. Leibniz)는 수학 분야에서 뛰어난 업적을 만들어 냈을 뿐만 아니라 신과 자연, 정신과 물질, 목적론과 기계론을 통합하는 관점을 발전시켰다. 또한 벨(Pierre Bayle)은 기독교 서적에서 발견되는 비합리적 요소들을 폭넓게 모아 정리함으로써 기성 교회의 가르침이 설득력을 잃도록 하는 데 기여하였다. 그 밖에도 수많은 계몽주의 사상가의 활동과 주장에는 과학혁명의 내용, 혹은 과학혁명의 근간이 되는 사고 체계가 반영되어 있다.[10]

계몽주의 움직임은 초기에 프랑스에서 활발하게 시작되어 곧 다른 국가들로 전파되었다. 독일, 네덜란드, 이탈리아, 영국은 물론 북아메리카 지역도 이 사조에 깊이 영향을 받았다. 한편, 스코틀랜드에서는 흄(David Hume), 밀(James Mill)과 스미스(Adam Smith)라는 걸출한 사상가들이 등장함으로써 이른바 '스코틀랜드 계몽주의'(Scottish Enlightenment) 시대를 활짝 꽃피웠다.[11] 이 그룹에 속하는 학자들은 상업과 제조업의 비중이 점

10 이영림·주경철·최갑수(2011), pp. 404~405.
11 Herman(2001); Lenman(2009).

차 확대되는 현실적 변화를 경험하면서 어떻게 하면 새로운 사회에 적절한 사회 제도를 만들고 공공의 도덕심을 함양할 것인가에 천착하였다.[12]

백과전서의 의의

지식 기반 사회의 형성이라는 관점에서 볼 때 특별하게 우리의 관심을 끄는 것은 1751~1772년 기간에 발행된 『백과전서』(*Encyclopédie*)다. 이 간행물은 철학 비평가 디드로(Denis Diderot)와 자연과학자 달랑베르(Jean Le Rong d'Alembert)가 야심차게 기획한 지식 정리 사업의 완결판이었다.[13] '이성의 시대'(Age of Reason)에 걸맞도록 식자층 대중을 교화·계몽시키는 것을 목표로 내건 기획이었다. 그들의 표현을 빌리자면, "지구상에 흩어진 모든 지식들을 취합하여, 우리와 더불어 살아가는 사람들에게 그것의 일반적인 시스템을 제시하고, 나아가 후세들에게 그 지식을 전달하는 것"이 목표였다.[14]

『백과전서』는 본문 17권, 도판 11권(판화 1,885장)이라는 방대한 분량으로 완성되었다. 여기에서 다룬 표제어가 총 71,818건에 이르렀다. 디

---

12 이영림·주경철·최갑수(2011), p. 414.

13 헤드릭(2011), p. 247.

14 헤드릭(2011), p. 276. 이미 17세기 말~18세기 초에 지식의 집대성이라는 문제의식은 성숙해 가고 있었다. 이런 배경을 바탕으로 역사 사전과 기술용어 사전이 출현하였다. 해리스(John Harris)가 1704년 출간한 『기술사전』(*Lexicon Technicum*)과 체임버스(Ephraim Chambers)가 1728년 출간한 『사이클로피디아, 혹은 예술과 학문의 보편 사전』(*Cyclopaedia, or a Universal Dictionary of Arts and Sciences*)이 대표적인 사례였다. 1771년에 발간된 유명 백과사전인 『브리태니커 백과사전』은 체임버스의 저작을 모방한 것이었다.

드로와 달랑베르는 볼테르, 뷔퐁, 루소, 튀르고 등 능력 있는 공동 집필자들에게 의뢰해 수준 높은 성과물을 완성하였다. 새로운 기술에 대한 묘사가 특히 풍부하였는데, 이를 준비하는 과정에서 얼마나 공이 들어갔는지는 달랑베르가 기록한 다음의 표현을 통해 알 수 있다.[15]

> "우리는 파리 및 왕국 전체에서 가장 뛰어난 기능공들을 대상으로 설정하였다. 작업장을 일일이 방문하여 하나하나 질문을 던지고, 그들의 답변을 꼼꼼하게 기록하는 수고도 마다하지 않았다. 그리하여 그들의 생각들을 차츰 발전시켜 나갔으며, 그들의 직업적 용어들을 적절한 언어로 대치시키는 과정을 통해 그러한 용어들을 규정하는 목록을 작성하기에 이르렀다."

이렇게 공들여 완성된 『백과전서』는 1751년부터 순차적으로 출간되었고, 곧이어 외국에서 번역 출간되었으며 해적판도 그 뒤를 따랐다. 추계에 따르면, 원본과 해적판을 합해서 평균 30권 분량으로 약 25,000세트, 즉 75만 부가량이 판매되었다. 계몽주의를 대표하는 『백과전서』는 이렇듯 공전의 히트작으로 이름을 떨쳤다.[16]

시기 구분

계몽주의의 시대는 크게 세 기간으로 구분할 수 있다. 첫 시기는 18세기 전반기로 과학혁명의 영향이 직접 미친 때였다. 두 번째는 18세기

15 헤드릭(2011), p. 277에서 재인용.
16 헤드릭(2011), pp. 278~279.

중엽에 해당하는 시기로, 계몽주의의 사상적 절정기라고 평가되곤 한다. 몽테스키외(Charles de Montesquieu)의 『법의 정신』 출간과 볼테르와 루소의 활동이 눈부셨던 기간이었다.

마지막으로, 19세기 후반은 후기계몽주의 시대라고 부를 만한 기간이었다. 이 시기에는 주요 계몽주의 저작들이 여러 나라에서 번역·출간되었고 사상의 대중화가 크게 진전되었다. 특히 우리의 논의와 관련하여 중요한 점은 계몽주의적 사고를 경제에 적용하여 물질적 삶을 향상시키는 것이 중요하다는 주장이 힘을 얻은 시기라는 사실이다. 즉, 인간의 이성을 최대로 활용하여 근대적 시대에 부합하는 경제 발전과 개인의 생활 수준 향상을 이룩하겠다는 의지가 사회 전체로 확산한 시기였다. 아래에서 살펴볼 '산업계몽주의'(industrial enlightenment)가 마침내 출현하게 된 것이다.

3. 산업계몽주의

새로운 관심

계몽주의가 경제 발전에 끼친 영향에 대한 관심은 최근에 두드러지게 증가하였다. 특히 모키어(Jeol Mokyr)가 '산업계몽주의'라는 용어를 정착시키면서 경제사학계에서 본격적인 주제로 대두하였다. 산업화의 요인으로 계몽주의 사조에 주목하면서 논의의 초점이 기술로 이동하게 된 계기였다.

한동안 경제사학자들은 역사 속에 등장하는 주된 경제 변화를 설명할 때 기술에 그다지 큰 중요성을 부여하지 않았다. 특히 20세기 후반 경제사학자 중에서는 제도적 요소들을 강조하여 산업화의 성공 요인을 설명하는 모델을 선호한 이가 많았다. 제도를 향한 관심은 다양해서 어떤 학자는 가족노동의 가계 내 배분에 관해서 연구하였고, 다른 학자는 재산권 체제의 확립과 변화 과정을 추적하였으며, 또 다른 학자는 거래 비용을 낮추거나 위험의 분담을 가능하게 하는 비즈니스 환경의 변화에 논의를 집중하였다. 이들에게 기술 변화는 부차적인 중요성 이상을 갖지 못하였다.[17]

그러나 최근 혁신에 필요한 '유용한 지식'(useful knowledge)의 원천으로서 계몽주의적 사조가 강조되면서 기술에 대한 관심이 되살아났다.[18] 영국 산업혁명에 대해서도 전통적으로 역사가들은 계몽주의를 산업화의 유발 요인으로 인정하지 않는 분위기가 강하였다. 그들은 대부분 계몽주의가 본질적으로 프랑스적 현상이라고 이해하였고, 따라서 영국의 산업혁명은 별개의 역사 과정으로 취급해야 한다고 생각하였다. 산업혁명 기간의 핵심 기술들이 영국 내부에서 자생적으로 이루어진 개선과 발명에 의한 것이라고 보는 게 일반적이었다.

17 Evans and Withey(2012), p. 541.

18 유용한 지식은 순수과학 지식뿐 아니라 산업 현장에서 시행착오를 거치며 얻게 된 실용적 노하우까지 폭넓은 스펙트럼의 지식, 정보, 기술을 포함한다. 특히 그간 경시해 온 생산 현장의 기술에 강조점이 있다.

그런데 계몽주의에 대해 새로운 관심이 커지면서 이런 관점에 변화가 발생하였다. 근래의 연구를 종합해 보면, 우선 계몽주의는 전통적으로 생각되었던 만큼 프랑스적인 현상이 아니었다. 계몽주의는 사실 영국을 포함한 유럽 전역은 물론 대서양을 넘어 북아메리카까지 영향을 끼친 사조였다. 내용 면에서도 전통적 견해보다 폭이 넓어져야 한다는 것이 대체적인 합의점이다. 즉, 철학과 문학에서 두드러진 사조라거나 교회 권력에 대한 정치적 반대를 강조한다거나 하는 차원을 넘어서, 매우 넓고 깊은 영향을 끼친 사회적 변화로 보아야 한다는 주장이 힘을 얻었다. 특히 계몽주의를 '근대적 속성의 자의식적인 개선 움직임'이라고 적극적으로 해석하기도 하였다. 이런 해석이 영국의 경우에는 더욱 적절한 것으로 보인다.[19]

산업계몽주의는 계몽주의를 현실 경제에 적용하려는 시도로 이해할 수 있다. 모키어가 특히 강조한 것은 산업계몽주의가 17세기의 과학혁명과 19세기의 산업혁명을 연결하는 가교였다는 점이다. 그에 따르면, 산업계몽주의는 다음의 세 가지 핵심적 측면을 보여 준다.

첫째, 장인적 기술에 대한 면밀한 조사와 체계적인 목록화를 통해 지식의 축적과 지식에 대한 접근성을 확대한다. 이로써 최상의 기술을 보급하는 효과를 낳는다. 둘째, 현존하는 기술들은 복잡하고 다양하기 마련인데, 이들을 세심하고 객관적으로 분석함으로써 보편성을 지니는 '일반적 원리의 한정된 집합'을 수립한다. 셋째, 지식을 집대성한 학자

19 Evans and Withey(2012), p. 542.

들과 기술을 생산에 이용할 수 있는 실제 기술자들 사이의 상호 작용을 이해하고 강화한다. 요약하자면, 산업계몽주의는 과학혁명을 현실 경제에 응용하여 실제 산출물을 창조해 내는 사회적 과정이었다.[20]

기술과 과학

산업계몽주의의 관점은 '산업혁명 시대의 기술 혁신이 과학 발달의 산물이었나?'라는 인과성 논의에 대해서도 재고의 필요성을 제기한다. 장기적으로 보자면, 유럽의 과학혁명이 산업혁명 시기 기술 진보로 이어졌음이 분명하다. 그렇지만 산업혁명 시기라는 비교적 짧은 기간에 초점을 맞추면 이와 다른 해석이 가능하다.

일반적으로 기술 혁신은 과학 발달과 동일시되거나 과학 발달의 직접적 소산이라고 인식되는데, 산업혁명 시대의 상황에 대해서는 기초과학과 실용적 기술을 구분해 살펴보는 게 유용하다. 당시 기초과학의 수준은 영국이 다른 국가들보다 높았다고 보기 어렵다. 특히 프랑스에서는 절대왕권의 장려 정책에 힘입어 수준이 높은 기초과학 연구를 진행해 왔고, 독일과 이탈리아에서도 과학 연구에서 괄목할 만한 성과가 있었다. 벨기에와 독일에 대해서도 유사한 주장을 하는 학자들이

20 Evans and Withey(2012), p. 542. 영국을 대표하는 계몽주의 사상가 로크(John Locke)의 사례를 통해 이런 강조점을 확인할 수 있다. 로크는 과학적 방법론을 인간과 사회에 대한 탐구에 적용할 수 있다고 강조하였다. 그는 자연과학 법칙이 인간의 세속 사회를 이해하는 법칙의 뿌리가 될 수 있다고 여겼으며, 인류가 이런 적용의 확대를 통해 사회적 조건을 개선할 수 있다고 확신하였다(이영림·주경철·최갑수, 2011, p. 405).

있다.[21]

영국이 기초과학 부문의 약점에도 불구하고 산업혁명에 앞설 수 있었던 이유는, 당시의 경제 발전을 이끈 핵심적 기술 혁신이 고도의 기초과학 지식을 요구하기보다는 기존에 알려진 과학적 원리를 응용해 경제성이 높은 기계를 제작하고 운영하는 능력을 요구하였기 때문이다. 달리 말해, 영국은 기초과학 수준에서는 일류가 아니었지만, 높은 숙련도를 지니고 실용적인 기계를 만들고 개량하고자 하는 의욕이 충만한 인력을 어느 국가보다 풍부하게 보유하고 있었다. 이런 면에서 개발과 상용화의 비교우위가 영국이 기술적 우위를 가져온 핵심 요인으로 볼 수 있다는 것이다.

실용적 기술의 전파와 습득이 실제로 어떻게 일어났는지에 대해 지역적 연구들이 등장하였는데, 그중 가장 주목을 받은 지역이 잉글랜드 중북부의 신흥 공업도시 버밍엄(Birmingham)이었다. 특히 버밍엄에 산재하였던 여러 기관과 단체에 연구자들의 관심이 집중되었다. 예를 들어, 문학과 철학과 과학을 다루는 여러 협회, 회원제 대출 도서관, 커피하우스 등이었다. 그 가운데 혁신가들의 모임인 루나 소사이어티(Lunar Society)가 가장 널리 알려져 있었다. 또한 신문, 잡지 등 계몽 지식의 교환을 촉진하는 매체들도 주목받았다.[22]

21 Jacob(1997).

22 Golinski(1992); Jones(2008); Mokyr(2009b).

루나 소사이어티

새로운 산업 중심지로 부상하고 있던 버밍엄은 공장과 생산만으로 유명하였던 것이 아니다. 이 도시를 경제사적으로 의미 있게 만든 더욱 중요한 사건은 지역의 다양한 혁신가들이 모여 지적인 커뮤니티를 설립하고 매우 성공적으로 운영한 것이었다. 기업가들과 과학자들을 포함하여 새로운 지식과 기술에 목말라한 두뇌들이 모여 1765~1813년에 걸쳐 이끌어 간 모임이 바로 루나 소사이어티였다. 이 모임에서 참석자들이 단지 기술적 지식만을 공유하지 않고, 도덕적, 사회적 가치도 함께 나누었다는 사실도 주목할 필요가 있다.

이 비공식적 모임에 참가한 인물로는 에라스무스 다윈(Erasmus Darwin), 제임스 와트(James Watt), 매튜 볼턴(Matthew Bolton), 조사이어 웨지우드(Josiah Wedgwood), 토머스 데이(Thomas Day), 리처드 에지워스(Richard L. Edgeworth), 조지프 프리스틀리(Joseph Priestly), 윌리엄 스몰(William Small), 윌리엄 위더링(William Withering) 등이 있었다.[23] 이들은 당대에 활약한 기업가, 투자가, 기술자, 학자 등으로, 이들의 교류는 '유용한 지식'의 창출과 전파에 매우 중요한 역할을 한 것으로 평가된다. 오늘날의 관점에서 보자면 매우 훌륭하게 활동한 산학 협력의 사례라고 평할 수 있을 것이다.[24]

---

23 이 핵심적 인물들 이외에도 많은 인사들이 정기적 혹은 비정기적으로 참여하였고, 회원들과의 개별 모임이나 서신 왕래를 통해 교류한 이도 많았다. 따라서 루나 소사이어티의 영향력은 이 모임에 직접 참여한 인물들의 범위를 훨씬 뛰어넘었다.

24 모임의 이름이 루나 소사이어티가 된 것은 1775년이었는데, 회합 장소로 밤에 다니기에

루나 소사이어티를 유명하게 만든 인물들 가운데서도 와트와 볼턴은 특별한 위치를 차지하고 있다. 이는 무엇보다도 이들이 영국 산업혁명의 상징적 인물이 되었기 때문이다. 동업자 관계였던 이 둘은 1775년 '볼턴 앤 와트'(Boulton & Watt)라는 회사를 설립하고 자신들의 주특기인 증기기관의 개발에서 발군의 실력을 과시하였다.

증기기관으로 유명한 와트와 금속 제조업자였던 볼턴의 파트너십은 산업혁명 기간에 이루어진 유사한 협력 가운데 손꼽히는 성공 사례로 평가받는다. 이들은 와트가 보유한 기술적 능력과 볼턴이 갖춘 사업적 감각 및 파트너십 운영 능력을 결합해 빼어난 시너지 효과를 거두었다. 즉, 이들은 초기 산업 성장에 필요한 가치를 공유하였다고 볼 수 있다.[25]

산업계몽주의의 발전에 대한 이상의 논의는 버밍엄에 기반을 둔 루나 소사이어티의 사례를 중심으로 살펴보았다. 분명 버밍엄의 루나 소사이어티, 그리고 핵심 구성원이었던 와트와 볼턴은 산업계몽주의의 발전을 보여 주는 가장 대표적인 사례였다. 그러나 산업계몽주의의 발전이 소수의 특정한 중심지에서만 나타났다고 보면 곤란하다. 실제로 버밍엄과 같은 명성을 얻지는 못하였지만 지역적인 산업 중심지로 발전해 간 곳이 많았다.

〈표 3-3〉은 잉글랜드의 각 주에서 얼마나 많은 특허가 출원되었는

불편함이 없도록 매달 보름에 정기적으로 모임을 가졌다는 데에서 유래하였다. 구성원들은 스스로를 '루나틱'(lunarticks)이라고 불렀다고 한다. 모임의 장소는 주로 다윈과 볼턴이 제공한 곳이었다(Schofield, 1963).

25 Uglow(2002).

표 3-3 런던 대비 일인당 특허 출원 건수, 잉글랜드 1761~1851년

주	1761	1771	1781	1791	1801	1811	1821	1831	1841	1851
베드퍼드셔	0.0	25.4	0.0	5.0	3.8	14.1	10.1	0.0	4.3	2.5
버크셔	0.0	0.0	10.0	2.8	5.8	7.3	1.4	2.4	3.0	8.3
버킹엄셔	0.0	4.8	0.0	5.9	2.6	2.0	9.2	4.8	4.2	11.5
캠브리지셔	0.0	0.0	4.3	0.0	2.8	8.1	1.7	4.3	6.3	5.1
체셔	6.1	2.9	6.3	6.8	16.0	14.1	9.2	8.0	5.8	13.2
콘월	13.0	6.6	11.2	7.1	14.4	7.5	5.9	8.4	7.0	6.9
컴버랜드	9.7	0.0	0.0	2.8	2.2	1.6	1.4	8.7	4.3	10.9
더비셔	7.5	15.0	13.3	8.4	17.9	11.6	22.4	11.1	9.6	15.8
데본셔	5.6	4.8	5.3	7.4	5.9	7.6	13.4	14.4	6.1	6.6
도세트셔	0.0	0.0	0.0	8.6	4.6	1.7	3.2	0.0	1.1	0.0
더럼	13.3	3.6	0.0	8.3	12.7	5.9	8.6	8.4	10.9	11.2
이스트라이딩	0.0	4.0	5.8	6.5	15.9	17.8	10.1	7.6	10.5	7.8
에섹스	0.0	6.9	3.4	4.4	10.8	13.4	12.3	13.6	10.5	14.8
글로스터셔	8.0	6.4	9.3	25.4	28.7	28.4	32.1	28.5	11.7	9.4
햄프셔	4.8	0.0	12.0	7.3	15.1	6.8	8.6	14.2	6.8	10.6
헤레퍼드셔	10.5	11.0	4.0	6.8	0.0	0.0	0.0	0.0	3.0	6.6
허트퍼드셔	0.0	4.7	0.0	3.2	9.9	14.7	4.9	17.1	7.1	7.6
헌팅던셔	0.0	0.0	0.0	0.0	0.0	0.0	0.0	8.3	17.3	13.6
켄트	3.6	9.9	9.6	7.4	15.6	11.6	18.0	21.2	9.3	13.9
랭커셔	17.0	11.7	18.1	11.0	15.5	11.3	17.0	20.5	26.9	33.7
레스터셔	0.0	0.0	6.3	5.0	9.4	8.1	4.9	13.7	27.6	19.6
링컨셔	0.0	2.5	1.8	3.0	4.9	0.9	5.5	5.4	3.2	7.4
런던	100.0	100.0	100.0	100.0	100.0	100.0	100.0	100.0	100.0	100.0
노포크	0.0	1.8	11.1	2.3	4.7	7.9	7.7	1.6	3.8	4.9
노스라이딩	0.0	3.1	6.8	2.0	1.7	5.3	1.2	3.5	6.7	5.1

표 3-3 계속

주	1761	1771	1781	1791	1801	1811	1821	1831	1841	1851
노샘프턴셔	0.0	0.0	0.0	6.9	7.9	10.5	6.8	2.4	4.4	7.7
노섬버랜드	6.4	16.7	12.3	14.9	16.5	14.6	7.2	16.9	17.4	23.3
노팅엄셔	82.6	105.7	117.8	67.9	44.7	39.8	48.4	60.5	39.9	40.8
옥스퍼드셔	9.0	0.0	13.9	11.9	9.0	6.9	3.2	6.9	15.4	5.8
러트랜드	0.0	0.0	0.0	0.0	0.0	0.0	10.7	0.0	0.0	6.8
쉬롭셔	6.3	13.1	7.2	27.7	8.3	8.4	8.2	4.6	4.4	3.4
서머세트셔	3.8	2.0	9.9	8.0	16.1	13.3	13.2	11.2	5.2	3.2
스태퍼드셔	21.8	10.7	3.7	11.5	20.9	18.3	19.5	21.8	19.1	19.8
서포크	0.0	2.5	1.8	3.1	8.2	2.6	4.9	4.3	11.9	7.3
서섹스	0.0	0.0	0.0	11.1	4.7	8.7	14.0	3.1	4.8	6.3
워릭셔	18.2	50.4	45.4	53.5	42.0	59.9	59.5	66.9	59.6	60.0
웨스트라이딩	12.0	7.0	7.8	23.0	17.1	12.4	17.7	14.8	11.6	14.6
웨스트모랜드	0.0	0.0	0.0	7.5	0.0	0.0	0.0	3.8	1.7	11.3
윌트셔	4.5	4.9	5.4	7.7	8.7	0.0	5.3	12.2	15.9	29.4
우스터셔	0.0	3.6	2.7	9.1	7.6	15.1	17.6	17.6	15.5	20.3

주: 런던=100.
자료: Dowey(2017), p. 106.

지를 일인당 건수 기준으로 10개의 시점별로 보여 준다.[26]

18세기 후반까지는 특허가 출원되는 주(county)가 제한적이었다. 예를 들어, 1761년 자료를 보면, 런던을 제외한 39개 주 가운데 특허가 한 건이라도 출원된 주는 20개 주에 불과하였다. 그러나 산업계몽주의가

26 Dowey(2017).

전국적으로 확산함에 따라 전국적 분포가 변화하였다. 1801년에는 2개 주를 제외하고는 모든 주에서 특허 출원이 이루어졌다. 또한 런던의 특허에 대비해 일인당 특허가 출원된 수도 시간이 흐름에 따라 계속 증가하였다. 대표적으로 우스터셔의 경우를 보면, 1761년에는 특허 출원이 전혀 이루어지지 않았지만 1781년에 일인당 특허가 런던 대비 2.7%를 기록하였고, 1801년 7.6%, 1831년 17.6%, 그리고 1851년 20.3%를 기록하였다. 산업계몽주의가 전국적으로 확산하였다는 점에 의문의 여지가 없음을 말해 준다.

4. 접근 비용

접근 비용의 중요성

그렇다면 산업계몽주의가 강조하는 지식—주로 실용적 지식—은 어떤 속성을 지녔을까? 지식은 그 자체로는 충분한 사회적 가치를 지니지 못한다. 어떤 개인이 창출해 낸 지식을 혼자만의 비밀로 유지한다면, 그 지식의 실질적 가치는 제한적일 수밖에 없다. 어떤 지식이 경제성장으로 이어지려면 사람들이 그 지식을 얻는 데 드는 비용이 적어야 한다. 지식을 소유한 사람으로부터 지식을 얻는 데 드는 한계 비용을 '접근 비용'(access cost)이라고 부른다.[27]

접근 비용이 왜 중요할까? 첫째, 지식에 대한 접근성의 확대는 그 지식을 유용하게 사용할 수 있는 생산자가 해당 지식을 사용할 수 있도록 한다. 둘째, 보통 기술 진보는 이미 개발되어 있는 다른 기술에 의존하는 경우가 많다. 그리고 다수의 발명은 기존의 기술들을 재결합함으로써 이루어진다. 또는 적어도 기존의 아이디어를 확장함으로써 발명이 이루어지는 사례가 많다. 지식에 대한 접근성의 확대는 기존 기술의 원작자를 명확히 함으로써 잠재적 발명가들이 중복적으로 발명을 하는 것을 막는다. 셋째, 접근 비용이 낮으면 발명가가 기존에 축적된 지식을 충분히 이용할 수 있게 함으로써 새로운 기술을 만들어 내는 데 도움이 된다. 특히 19세기에는 과거에 비해 지식에 의존해 기술 진보를 이루는 사례가 크게 증가하였다.[28]

그렇다면 접근 비용을 결정하는 요인들은 무엇일까? 여기에는 기술적 요인뿐만 아니라 사회적, 문화적 요인도 포함된다. 물론 경제적 요인도 크게 작용한다. 다양한 요인들이 상호 작용을 한다는 점을 염두에 두고서 이들을 차례로 살펴보자.

기술적 요인들

기술적 요인은 지식이 얼마나 많이, 그리고 얼마나 정확하게 기록되어 있으며, 이 기록을 전파하고 습득하는 데 얼마나 큰 비용이 드는

27 Mokyr(2005), p. 295.
28 Mokyr(2005), pp. 295~296.

가와 관련된다. 중세에는 대부분 지식이 명시적 형태로 기록된 것이 아니라 암묵적 형태로 사람들의 '숙련' 속에 녹아 있었다. 장인이 지닌 기술은 도제 제도를 통해 외부인이 파악할 수 없는 과정을 통해 도제에게 전해졌다. 도제에서 장인으로 이어지는 중간 단계인 직인들이 여러 지역을 오가며 자신이 가진 기술을 부분적으로 노출하는 정도뿐이었다.

계몽주의 시대가 되자 사람들의 이동성이 높아졌고, 그에 따라 지식과 기술의 전파 범위와 속도에도 변화가 발생하였다. 도로와 교통수단이 이전에 비해 특별히 개선된 것은 아니었지만, 지식 습득과 보급에 대한 계몽주의적 열망만으로도 사람과 우편물의 이동 증가를 낳을 수 있었다.[29]

그간 암묵적 지식이었던 것을 명시적 지식으로 전환하는 과정도 진행되었다. 수학적 기호, 표준화된 측량법, 다이어그램, 작도법 등이 모두 이와 같은 개량에 일조하였다. 라틴어로 책을 저술하던 관행이 줄어들고 유럽 각국에서 모국어로 출간하는 사례가 증가한 사실도 지식의 대중화에 중요하였다. 인쇄술의 발달도 계몽주의 시대에 기술 지식이 표준화되고 일반화되는 데 중요한 역할을 하였다. 인쇄술 자체는 16세기 구텐베르크 시절부터 발달하였지만 17세기에 제지업이 발달하면서 사회의 인쇄 문화는 한 단계 도약하였다. 계몽주의가 강조한 문해력 증진이 인쇄술과 결합함으로써 출판시장이 확대되었고, 기술 지식은 과거와 비교를 불허하는 수준으로 확산하였다. 과학과 기술을 주제로 하

29 모키어는 '서신 공화국'(Republic of Letters)이라는 용어가 당시 사회를 잘 묘사한다고 보았다(Mokyr, 2009a).

는 정기 간행 잡지가 많이 등장하였다는 점도 흥미롭다.[30]

도서관 설립의 증가도 지식에 대한 접근 비용을 줄이는 데 도움이 되었다. 최초의 무상 대중도서관이 1653년 영국 맨체스터에서 설립된 이래 다수의 도서관이 책과 잡지를 읽고자 하는 대중들에게 장소와 자료를 제공하였다. 커피하우스에서도 사람들이 출판물을 돌려보면서 지식을 공유하였다.[31]

산업혁명이 시작되어 교통과 우편이 발달하자, 과학 기술 지식의 전파 범위와 속도는 더욱 증가하였다. 육로와 수로 교통의 발달, 우편마차 사업의 확장, 철도의 부설 등이 이런 변화를 가속화시켰다. 이 모든 요소가 작용해 18세기를 거치면서 과학 기술 지식에 대한 사람들의 접근성은 기술적 측면에서 엄청나게 증가하였다. 진보할 수 있다는 믿음은 분명 물질적 진보에 관한 최고의 중요성을 지닌 지적 유산이었다.[32]

사회적, 문화적 요인들

접근 비용을 결정하는 또 다른 요인은 사회적 혹은 문화적인 종류였다. 17세기에 유럽에서 뿌리를 공고하게 내린 '열린 과학'(open science)의 문화는 관찰과 경험이 공공의 영역에 속한다고 규정하였다. 과학적

---

30 Mokyr(2005), pp. 298~299.
31 Cowan(2005).
32 Mokyr(2005), pp. 297~302.

지식은 공공재로 인식되었고, 과거와는 비교가 되지 않을 정도로 자유롭게 논의되었다. 이런 개방성은 공개된 방법론과 연구 결과를 다른 학자들이 확인하기 쉽게 만들었고, 동일한 부문에 대해 중복 투자가 발생하는 것을 막았으며, 과학적 지식이 확산하기 용이하게 만들었다. 과거 사람들의 마음을 현혹시켰던 마술과 주술, 신비주의적 믿음, 돌팔이의 거짓과 허풍이 설 자리는 크게 좁아졌다.

접근 비용은 실용적 지식에 관한 사회적 관습과 문화에 의존하기 마련이다. 17~18세기를 거치면서 담론의 변화가 발생하였다는 점이 중요하다. 과거에는 '무엇이 진리인가'가 중요하였다면 이제는 '무엇이 작동하는가'가 더 중요한 문제로 받아들여졌다. 즉, 더욱 경험적이고 실증적인 방향으로 사고가 전환되었다. 그리고 사회는 실용적 지식이 믿을 만한 것인지 테스트를 통해 확인해 보기를 요구하였다. 이런 과정을 거쳐 과학에 새로운 담론이 자리 잡았고 새로운 신뢰 시스템이 뿌리를 내렸다. 상거래에서 신뢰가 중요한 자산으로 작용하듯이, 과학에서도 신뢰가 실용적 지식이 전파되고 확인되고 받아들여지는 과정에서 비용을 절감시켰다.

접근 비용을 직접적으로 낮춘 가장 명백한 사례는 디드로와 달랑베르의 『백과전서』로 대표되는 백과사전류의 편찬이었다. 지식에 대한 접근을 위해서는 지식을 검색하는 엔진이 필요하다. 18세기의 신규 검색엔진은 새로운 조직 방법과 철자순 나열을 보여 준 백과사전이었다. 백과사전은 그 자체로 산업혁명을 가져오지는 않았지만, 기술적 진보를 바라보는 새로운 시선을 제공하였다. 직관을 대체한 체계적 분석, 맹

목적 숙련을 대신한 원리의 파악, 장인으로부터 내려오는 비밀스러운 학습을 밀어낸 공개적이고 접근 가능한 교육 시스템을 상징하였다. 그것은 사용자 친화적인 방법으로 지식을 조직하고, 접근 가능한 방식으로 배열하는 작업을 통해 해당 지식을 가장 잘 사용할 수 있는 사람에게 지식을 제공하였다. 게다가 대부분의 백과사전은 특정 저자 혼자서 작성한 것이 아니라 다수의 전문가가 힘을 모아 완성하는 방식으로 제작되었다. 때로는 지식인과 과학자 협회가 주관하기도 하였다. 이런 집단지성의 힘이 동시대인에게 큰 신뢰감을 준 것이 사실이다. 결론적으로, 백과사전 편찬을 새로운 지식 개념의 출발점이었다고 보는 것은 지나친 평가이겠지만 백과사전이 지적 혁신에 기여하고 접근 비용을 낮추었던 것은 분명하다.[33]

열린 과학과 실용적 지식의 공유는 지식을 창조한 사람이 창조된 지식으로부터 지대를 얻을 수 없다는 것을 의미하였다. 명제적 지식에 무엇인가를 더하는 사람은 명예와 찬사를 받았지만 기여에 상응하는 금전적 보상은 받지 못했다. 동시대의 최고 과학자들인 뉴턴이나 라부아지에에게 이것은 별 문제가 되지 않았다. 그들은 명예와 찬사만으로 충분하다고 말하였다. 심지어 산업 발달에 도움이 되는 발견과 발명을 하였던 과학자들, 예를 들어 조지프 프리스틀리, 벤저민 프랭클린(Benjamin Franklin), 험프리 데이비(Humphry Davy) 등도 이윤보다는 인정을 원하였던 것으로 보인다.[34]

33 Mokyr(2005), pp. 302~308.
34 Mokyr(2005), p. 310.

제도적 요인들

산업계몽주의의 핵심적 구성 요소들 가운데 하나가 아이디어의 창출과 전파에 기여한 사회 조직의 출현이다. 대학이 일정한 정도 역할을 감당하였던 것은 사실이다. 특히 스코틀랜드에서 대학의 활약상이 두드러졌다. 콜린 맥로린(Colin McLaurin), 윌리엄 컬린(Wiliam Cullen), 조지프 블랙(Joseph Black) 등이 개설한 기술 강좌는 크게 주목을 받았다. 특히 사회적으로 의미가 컸던 과목에서 대학의 역할이 상당하였다. 글래스고 대학에서는 이런 강좌들이 기술에 관심이 많았던 숙련공은 물론 일반 시민들에게 공개되었다.[35]

그러나 한계도 있었다. 잉글랜드의 대부분 대학은 이 시기에 응용과학과 기계학을 교육하는 데 비효율적이었고 당연히 스코틀랜드의 대학들과 격차가 벌어졌다. 일부 비국교도 대학들만이 실험과학, 수학, 식물학을 다른 과목들과 더불어 가르쳤다. 이 대학들은 적은 수의 엘리트만을 가르쳤다는 한계가 있었다.

처방적 지식을 가진 사람들과 그것을 적용하고자 하는 사람들을 연결하는 또 다른 메커니즘은 과학자들과 기술자들이 상호 작용을 하는 회합이었다.[36] 이런 회합에서 진행된 강의들 가운데 일부는 전국적 중요성을 지니는 종류였지만, 대부분은 지역의 수요에 맞게 구성된 것이

35 에든버러 대학에서 조지프 블랙이 가르치는 과정에서는 200명이 넘는 수강생들이 있었고, 그의 후계자인 토머스 호프(Thomas C. Hope) 또한 500명의 수강생들을 끌어들였다.
36 전문적 강의와 임시변통적 강연을 모두 포함한다.

었다. 공식 강연장에서 강의가 이루어지기도 하였지만, 비정규적으로 이루어지는 모임과 커피하우스나 사적 살롱과 같은 비공식적 장소에서 열린 강의와 토론도 실용적 지식에 대한 접근성을 높이는 데 기여하였다.[37]

1750년대 이후에는 비정규적인 모임의 중요성이 점차로 쇠퇴하고 정규적인 기관이 이를 대체하였다. 활동이 활발해진 왕립협회가 이런 변화를 상징하였다. 산업계몽주의의 표본이라고 부를 수 있는 또 하나의 단체로 기술협회(Society of Arts)를 들 수 있다. 1754년에 설립된 이 단체에서는 수상 제도를 통해 발명을 독려하고 새로운 아이디어를 공개하였으며, 실용적 지식을 만드는 이들과 이를 사용하는 이들 사이의 의사소통에 편의를 제공하였다. 1799년에 설립된 왕립 인스티튜트(The Royal Institute)는 과학과 기술을 주제로 한 공식적 강의를 자주 개최한 것으로 유명하였다.[38]

이상에서 살펴본 기관들과 회합들이 모두 경제 발전에 유용한 결과로 이어졌다고 말하기는 어렵다. 많은 강연과 토론, 논문 경연대회에서 다룬 내용은 경제적 의미가 큰 응용과는 거리가 먼 경우가 많았다. 지

37 1700년경 런던에는 약 2,000개의 커피하우스가 있었고, 이들 가운데 여러 점포에서 정치적, 사회적 쟁론만이 아니라 과학적 탐구와 토론도 진행되었다. 커피하우스 중에서 가장 유명한 것은 런던챕터커피하우스(London Chapter Coffee House)였다. 이곳은 왕립협회가 회합 장소로 자주 사용하던 곳이었다.

38 왕립 인스티튜트의 설립 목적을 보면 산업계몽주의의 정신을 잘 표현하고 있음을 알 수 있다. '공학에서의 실용적인 발명과 개선에 관한 지식을 전파하고 소개하는 것, 그리고 강연과 실험을 통해 교육하는 것, 그리하여 삶의 보편적인 목적에 과학을 적용시키는 것'이었다.

역 유지들의 과시용 모임도 있었고 분위기가 진지하지 않은 회합도 있었다. 그러나 18세기가 진행되면서 이런 모임들의 주제와 참석자는 점차 초점을 갖추었다. 자연과학과 기술이 중심적 위치를 차지하면서 농업, 화학, 식물학, 광물학, 지리학, 약학 등이 주축으로 부상하였다. 당시의 공식적, 비공식적 모임은 대부분 구성원의 재력이나 지위를 고려하지 않고 논의의 발전만을 도모하였다. 이 모임들은 부분적으로는 낭비적이고 비효율적이었지만, 전체적으로는 사회 전반에 긍정적 분위기를 조성하였다. 실용적 지식에 더 쉽게 접근할 수 있도록 만든 것이다.

경제적 요인들

산업계몽주의의 시대에는 상품화된 유용한 지식을 위한 시장이 본격적으로 성장하기 시작하였다. 전문적인 과학자는 강연, 상담, 출판을 통해 수익을 거두었다. 래리 스튜어트(Larry Stewart)가 '과학의 기업가'(entrepreneurs of science)라고 명명한 이런 사람들이 시장을 주도한 핵심 인물이었다.[39] 산업혁명 기간에 이런 시장이 확대되었고, 지식재산권의 확충과 더불어 더욱 정규화되었다.

명제적 지식과 처방적 지식 사이에 가교를 놓는 일을 경력으로 삼는 인물도 있었다. 이들은 접근 비용 절감자로 부를 수 있을 것이다. 윌리엄 쉽리(William Shipley)는 기술협회의 설립자였는데, 다른 지역적 기관

39 Stewart(1986), p. 181.

들을 설립하고 운영하는 능력이 뛰어났던 것으로 알려졌다. 윌리엄 니콜슨(William Nicholson)이라는 인물은『자연철학, 화학, 기술 저널』(*Journal of Natural Philosophy, Chemistry, and the Arts*)을 만들었다. 이 간행물은 동시대인들에게 최고의 권위와 명성을 지닌 존재로 받아들여졌다.[40]

특히 주목할 만한 인물은 명제적 지식과 처방적 지식을 동시에 보유한 이였다. 이런 인물은 양 지식 사이에 쌍방향의 흐름을 만들었을 뿐만 아니라, 그 둘이 잘 혼합된 응용과학의 기준과 방법론을 확립하였다. 이런 인물의 예를 들자면, 앙투안 라부아지에의 제자였던 클로드 베르톨레(Claude Berthollet)는 탄산수를 처음 만들었고, 조지프 프리슬리는 고무지우개를 발명하였으며, 험프리 데이비는 안전 램프를 만들었다. 그런데 이들은 대부분 금전적 이익에는 둔감한 듯하였다. 이런 사실은 열린 과학의 윤리와 기술의 전파를 잘 보여 준다. 이들을 움직이는 데에는 '야망과 호기심과 이타주의가 벌거벗은 욕망보다 더 큰 역할을 할' 수도 있었던 것이다.[41]

산업계몽주의는 두 차원을 갖는다. 하나는 명제적 지식의 파이를 늘리고 연구 방향을 실용적인 쪽으로 확장하는 것이다. 다른 하나는 기존의 지식에 대한 접근 비용을 낮추는 노력을 하는 것이다. 이 두 가지 목적은 독립적이라기보다는 상보적이다. 자연철학자, 물리학자, 엔지니어, 숙련공, 그리고 사업가가 실용적 지식이 축적되고 전파되는 방향과 속도를 바꾸었다. 이들은 경제적인 의미가 있는 실용적 지식에 접

40 Mokyr(2005), p. 318.
41 Mokyr(2005), p. 322.

근하는 비용이 낮아야만 한다고 굳게 믿었으며, 그 지식을 생산적인 사용자들에게 널리 퍼뜨리는 것이 중요하다고 깨닫고 그에 따라 행동하였다.

5. 맺는 글

서구 세계의 계몽주의는 경제 성장에 대해 결정적인 효과를 가졌던 지적 운동이다. 이 운동은 경제적 성장이라는 엔진에 실용적 지식이라는 연료를 지속적으로 공급해 주었다. 이 실용적 지식이야말로 눈부신 경제 성장을 가능하게 만든 요체였다. 다른 한편, 계몽주의는 경제 운영의 방향을 조절하는 역할을 하였다. 역사적으로 경제 발전을 가로막는 가장 견고한 장벽은 정부와 유력자의 지대추구 행위, 타국과의 소모적 전쟁, 전체주의적인 강압적 통제, 여타 파괴적인 행동들이었다. 계몽주의는 이런 장벽들을 극복할 수 있게 만들었다. 특히 계몽주의 발전에 날개 역할을 하였던 코스모폴리탄적 태도와 국제적인 교류는 유럽이 중상주의적 경쟁 체제와 갈등 구조를 통해 유지해 온 뿌리 깊은 상호 적대감을 극복하는 데 크게 기여하였다.

산업계몽주의는 기술 진보를 가져왔지만, 이것이 곧 지속적인 경제 성장을 보장하는 것은 아니었다. 지속적인 경제 성장을 위해서는 정책 담당자와 경제 주체들이 경제적 합리성에 기초하여 사고하고 행동하는 것이 필요하였다. 산업계몽주의가 가져다준 간접적 효과는 바로 이런 경제적 합리성이 형성되는 데 기여하였다는 점이다. 정치경제학(political economy)의 성장과 확산이 바로 이런 효과를 보여 주었다. 경제적 합리성은 자유무역, 인프라의 개선, 법치주의, 재산권 보호 등과 같은 새로운 질서를 경제에 도입하였으며 경제적 유인을 덜 왜곡하는 조세 구조를 만들었다. 무엇보다 계몽주의적 아이디어는 개인들이 자신의 효용을 높이기 위하여 일하게 만들었고 사회의 복지에 기여하도록 하였다고 말할 수 있다.

물론 계몽주의적 사상가들이 추구하였던 이상적 상황이 현실에서 그대로 구현되었다고 단정할 수는 없다. 그들이 꿈꾼 질서는 코스모폴리탄적이고 개방적이었지만, 그들이 살고 있는 현실은 국가주의적이고 보호주의적인 중상주의 체제였다. 상당수의 계몽주의적 기관이 국가 간 경쟁에서 승리를 차지하기 위해 설립되었다는 사실이 이런 모순을 여실히 보여 준다.

이런 한계에도 불구하고 계몽주의가 근대적 경제 성장에 긍정적 영향을 끼쳤다는 평가를 부인하기는 어렵다. 근대적 경제 성장의 중심적 요소인 실용적 지식의 축적 및 활용과 접근 비용의 절감에 산업계몽주의가 강력한 영향을 끼쳤기 때문이다. 이것이 경제 성장의 지속성을 보장해 주는 힘이었다.

지식이 소수의 전문가에게만 제한되고 접근 비용이 계속 높은 수준으로 유지된다면, 일시적으로 경제 성장이 발생하더라도 그 흐름이 계속되지 못하고 소멸할 위험이 있다. 고대와 아시아의 제국들에서 탄생한 위대한 발명 중에는 사례가 많았다. 이런 근대적 경제 성장에 있어서 서구 국가들 사이의 차이는 서구 세계 전체의 공통된 요소에 비하면 중요성이 덜하다. 국가별 차이를 지나치게 강조하다 보면 계몽주의가 범유럽적 현상이라는 점을 놓치게 된다는 점에 유념해야 할 것이다.

4

제4장 정부혁명

국가의 통치 방식은
어떻게
변화하였나?

1. 정부혁명 논의

들어가는 글

18세기 후반과 19세기 전반을 거치면서 영국 사회와 정부의 성격에도 큰 변화가 발생하였다고 보는 역사학자들이 많다. 특히 사람들이 경제와 사회 이슈를 이해하고자 할 때 인상에 치우친 인식을 버리고 점차 집계적 자료에 의존하는 경향이 강해졌다는 점이 지적된다. 이런 변화는 개인의 사고방식과 의사결정에 영향을 줄 뿐만 아니라 기업이나 정부가 상황을 인식하고 대처하는 방식, 그리고 의회와 의회 밖에서 여론을 수집하고, 의견을 모으고, 법률을 입안하는 과정에 대해서도 중대한 변화를 낳았다.

이런 변화가 실제로 발생하였는지, 변화를 상징하는 증거 자료가 무엇인지, 변화가 초래한 영향이 얼마나 중요하였는지, 변화가 발생한 시기는 정확히 언제인지 등을 둘러싸고 학계에서는 오랜 논쟁이 존재해왔다. 이른바 '정부혁명'(Revolution in Government) 논쟁이다.

정부의 행정이 중앙화되고, 규칙화되고, 전문화되었다는 것이 정부혁명을 강조하는 학자들이 주장하는 핵심적 변화이다. 지방의 개인적 유력자가 자의적으로 통치하던 시대가 막을 내렸다는 점, 행정의 규칙이 국가에 의해 상세히 마련되고 그에 따라 실제 행정이 이루어지는 시대가 되었다는 점, 그리고 행정을 담당하는 인력이 전문성을 갖춘 정

규 공무원 중심으로 개편되었다는 점이 변화의 가장 중요한 내용이라는 주장이다.[1]

정부혁명을 강조하는 주장은 이른바 '토리(Tory)적 역사 해석'에서 전형적으로 나타났다. 이에 의하면 누적된 사회적 병폐를 더 이상 방치해서는 곤란하다는 사회 전반의 인식이 행정개혁을 초래하고, 행정개혁은 자체의 발전 논리에 따라 중앙집권적이고 전문적인 감독 체계로 나아가게 된다고 한다. 한편, 이런 주장에 대한 비판도 꾸준히 전개되어 왔다. 역사 변화는 토리적 해석과는 다르게 전개된다는 지적이 다양한 각도에서 이루어졌다. 계급 간 갈등이나 이익단체의 역할에 주목하는 연구가 대표적이다. 논쟁은 주로 19세기 전반의 여러 입법과 정부의 활동 방식에 대한 평가의 형태로 진행되었다.[2]

2. 지식 축적과 통계 작성

지식 수집의 증대

이런 변화는 왜 발생한 것일까? 대니얼 헤드릭은 유럽 여러 국가에

1 논쟁을 촉발한 논의는 MacDonagh(1958); Parris(1960).
2 정부혁명에 관한 연구 중 빈민법에 집중한 논의로는 Roberts(1963); Henrique(1968); Mandler(1987). 산업혁명 시기 정부의 역할에 관한 논의는 Harris(2004).

서 18세기부터 방대한 양의 정보를 수집하고 분석하는 움직임이 발생하였다고 지적하였다. 그에 따르면, 계몽주의의 확산이라는 시대적 변화가 이런 움직임을 초래한 근본적 진원이었다.

미신과 종교적 도그마를 대신해 이성과 과학에 기초한 사고를 존중하고, 편견과 불관용을 대신해 균형과 관용을 강조하고, 권력의 남용을 대신해 정치적 정의를 중시하고, 절대주의를 대신해 사회계약의 관념을 수용하는 태도가 널리 확산되었다.[3] 신문, 잡지, 책, 지도 등의 매체에 대한 사회적 수요도 급속하게 증가하였다. 사람들은 적지 않은 돈을 지불해야만 하더라도 새로운 매체에 대한 접근성을 높이려고 노력하였다.

지식을 향한 욕망

사상적 변화만이 아니라 경제적, 정치적, 사회적 변화도 지식에 대한 욕망을 증대시켰다. 경제가 성장하고 인구가 증가하고 국제 무역이 활발해짐에 따라 새로운 정보와 지식에 대한 수요가 늘어났다. 1750~1850년 기간에 유럽의 인구는 약 70% 증가하였고, 북아메리카의 백인 인구는 13배가 늘어났다. 상인, 투자자, 소비자는 자국의 경제 사정은 물론 이웃 국가들 및 식민지에서 발생하는 변화에 대해서도 깊은 관심을 기울이게 되었다.

3 헤드릭(2011), p. 27.

정부의 태도도 큰 변화를 경험하였다. 새로 성장한 계몽 군주들은 스스로의 지위를 굳건히 하기 위해 자신의 이익만이 아니라 신민들의 이익에도 관심을 기울여야 하였다. 따라서 국내외의 지역적 상황에 대한 정보를 체계적으로 수집하고 분석할 필요성이 커졌다. 인구, 식량, 재정, 재해 등에 대한 자료를 축적하는 것이 관료 집단의 중요한 과제로 부상하였다. 군대도 더 많은 정보가 필요하였다. 지형과 기후에 관한 정보가 필요하였고 외국의 군사력에 대한 자료도 부지런히 수집해야만 하였다.[4]

이런 변화들은 상승 효과를 가져왔다. 사회의 구성원들은 정보와 지식을 축적하고 분석함으로써 의사결정의 기본 자료로 삼는 방식을 체득하게 되었다. 이는 기업, 의회, 공공기관 등도 마찬가지였다. 통계적 관심이 고조되고 통계적 분석이 매우 큰 설득력을 지니는 새로운 속성의 사회가 등장한 것이었다.

이에 따라 정보를 다루는 기술에도 큰 변화가 발생하였다. 헤드릭이 '정보 시스템의 혁명'이라고 명명한 이런 변화는 '이성과 혁명의 시대'를 상징하는 중요한 특징을 이루었다. 정보 시스템의 혁명은 분류학, 지도 제작술, 사전학, 통계학, 우편 제도 등을 통해 현실화되었다. 식물학자 칼 린네(Carl von Linne), 화학자 앙투안 라부아지에, 인구학자 토머스 맬서스(Thomas Malthus), 사전 편찬자 새뮤얼 존슨(Samuel Johnson) 등이 새로운 혁명의 선구자들이었다.[5] 모두 새로운 '진보의 시대'를 상

4 헤드릭(2011), pp. 27~30.
5 헤드릭(2011), p. 31. 계몽주의의 영향에 관해서는 제3장 참조.

징하는 인물들이었다.

통계학의 등장

방대한 정보에 대한 수요의 증가는 정보를 처리하는 기법에 대한 관심의 증가로 이어졌다. 이에 따라 통계학이 역사상 처음으로 독립적인 학문 분야로 등장하게 되었다. 영국에서는 19세기 초반부터 지식인들이 집계적 분석법에 관심을 높여 갔다. 인구, 조세, 징병, 재정, 물가, 생산, 보건 등의 분야에서 이런 관심이 각별히 높았다. 그리고 이런 관심이 1830년대를 통해 '통계학 운동'(Statistical Movement)을 성립시켰다.[6]

통계학 운동을 처음으로 주창한 사람은 기업가, 의사 등으로 구성된 13인의 집단이었다. 이들은 의기투합해 1833년 맨체스터통계학회(Statistical Society of Manchester)를 설립하였다.

같은 해에 맬서스 및 수학자 찰스 배비지(Charles Babbage), 경제학자 나소 시니어(Nasseau Senior) 등은 런던통계학회(Statistical Society of London)의 창립자로 이름을 올렸다. 이 학회의 핵심적 활동 지침은 "각종 회보와 간행물에서 신중하게 모든 '견해'를 배제하고, 철저히 사실들에만 초점을 국한하는 것"이었다. 구성원들은 대부분 휘그적 견해를 가진 인물들이라는 공통점을 지녔다.[7] 런던통계학회가 기획한 초기 프로젝트들

6 Cullen(1975).

7 헤드릭(2011), p. 163. "그리고 그것이 가능하다면, 수치로 명시되고 도표들로 정리될 수 있는 사실들로 말이다."

은 주로 병원 운영자, 경찰관, 구빈 책임자, 지주, 치안판사 등을 대상으로 설문조사와 실태조사를 하는 것이었다.[8] 이들은 당시의 대표적인 개혁 입법인 1832년 선거법개정법(Reform Act), 1833년의 공장법(Factory Act), 1834년의 빈민법개정법(Poor Law Amendment Act) 등이 의회에서 논의를 거쳐 통과되는 데 중요한 기여를 하였다. 이에 대해서는 아래에서 '정부혁명' 이슈를 다루면서 보다 상세히 살펴보기로 한다. 그에 앞서 통계적 접근이 가장 크게 필요한 인구조사에 관해 살펴보자.

인구센서스의 탄생

영국에서 인구 추계에 관심을 기울이게 된 가장 중요한 배경은 18세기 말 프랑스와 이른바 '나폴레옹전쟁'을 치르는 과정이었다. 과연 영국의 인구는 프랑스와 비교해서 얼마나 작은 규모였을까? 이 질문은 곧 프랑스와 전쟁을 진행하는 것이 적절한 판단이냐, 그리고 전쟁을 진행한다면 전쟁을 어떻게 이끌어 가야 할 것인지에 관해 지극히 중요한 함의를 지닌 것이었다.

1801년 영국에서 최초의 인구센서스가 이루어지게 된 데에는 바로 이런 현실적 필요성이 존재하였다. 이후 매 10년 단위로 인구센서스가 이루어졌다. 초기에는 조사 내용과 시기, 내용의 구체성과 정확성이 충분하지 않았지만, 서서히 조사 체계가 갖추어지고 전문성을 갖춘 인력

8 헤드릭(2011), pp. 164~165.

이 등장하면서 인구센서스의 가치가 높아져 갔다.

인구센서스의 책임 기관

인구등록청(General Register Office)은 인구센서스의 체계적 실시와 통계 처리 작업을 위해 설립된 기관이었다. 1836년 등록법(Registration Act)이 통과되면서 인구등록청에 실질적인 권한이 집중되었다. 이 기관의 초대 청장이었던 토머스 리스터(Thomas Lister)는 영국의 인구 등록 시스템을 체계화한 인물로 평가된다. 그의 개혁에 따라 잉글랜드와 웨일스는 626개 등록 지구로 구획되었고, 각 지구의 구빈위원들이 등록관으로 임명되었다. 데이터는 사무직 등록관과 관리직 등록관의 확인을 거쳐 인구등록청에서 최종 확인을 받은 후 체계적으로 보관되었다. 인구등록청이 문을 연 첫해에만 무려 12권 분량에 해당하는 95만 8,630건이 이런 과정을 통해 수집되었다.[9]

인구등록청에서 가장 핵심적인 임무를 담당한 인물은 통계감독관인 윌리엄 파(William Farr)였다. 그는 1839~1880년 기간에 인구등록청이 주관하여 발간한 거의 모든 간행물을 분석하고 검토하고 필요한 수정을 가하였다. 그리고 인구와 보건에 관해 많은 논문을 발표하기도 하였다. 그의 주도하에 발표된 통계 자료들은 19세기 중반 영국의 사회개혁에 중요한 근간이 되었다.

---

9 헤드릭(2011), pp. 166~167.

대표적으로 에드윈 채드윅(Edwin Chadwick)이 주도한 위생 보고서에 파의 영향이 곳곳에 반영되었다. 또한 1848년 콜레라가 창궐하자 식수원과의 관련성을 조사하여 콜레라가 수인성 전염병임을 밝혀낸 의사 존 스노(John Snow)도 파의 통계 자료로부터 귀중한 영감을 얻었다고 밝힌 바 있다.[10] 이렇듯 파의 인구통계 수집과 분석 작업은 많은 이들에게 지극히 중요한 영향을 끼쳤다.

3. 영국 정부의 운영

정부 운영의 기제

통계적 접근에 대한 관심은 학계에서만 고조된 것이 아니었다. 가장 중요하게는 의회를 포함한 영국 정부가 이를 받아들여 정부 운영의 중요한 기제로 사용하였다. 이에 대해 좀 더 살펴보자.

산업혁명 시기에 영국 사회가 운영되고 경제 정책이 만들어진 시스템을 제대로 이해하기 위해서는 당시 정부가 어떻게 지식을 축적하고 활용하여 정책을 짰는지 이해하는 것이 중요하다. 이와 관련해서 19세기 전반에 정부의 지식 축적, 공론화, 정책 입안, 운영에 이르는 방식이

10 헤드릭(2011), p. 168.

의미 있는 변화를 경험하였다는 견해에 주목할 필요가 있다.

이에 따르면, 19세기 전반을 지나면서 사회 입법이 이루어지는 방식에 중대한 변화가 발생하였다. 이는 정부가 작동하는 기제에 변화가 생겼다는 의미인데, 특히 의회가 활동력 자체를 증대시켰다기보다 왕립위원회와 자칭 관료 집단의 활동력이 의회에서 압도적 영향력을 발휘하였다고 보는 것이 타당하다. 이들이 방대한 정보를 수집하고 의회에 이를 체계적으로 보고하는 조직과 기능이 확대되었다는 점을 강조한다.[11]

1800년 이전에도 의회가 특별위원회를 구성하여 자료를 수집한 사례가 없지 않았다. 이런 자료 수집은 주로 인구, 빈민법, 범죄 등 사회조사의 성격이 강하였다. 그렇지만 이렇게 수집된 자료는 입법 활동으로 직접 연결되지 않았다는 점에서 19세기와는 중요한 차이를 보였다. 1800년 이후 의회가 정기적으로 방대한 양의 사회 통계를 수집하였다. 특히 1833년 존 릭만(John Rickman)의 주도로 무역위원회(Board of Trade)에 통계부가 설립되면서, 정부의 통계 수집 작업은 과거보다 훨씬 체계화되었다.[12]

개혁 세력의 특성

변화는 개혁 주도 세력의 특성에서도 찾아볼 수 있다. 1820년 이전

11 Eastwood(1989), pp. 279~294; Eastwood(1994), pp. 192~193.
12 Brown(1958), pp. 27~29.

에는 개혁 이슈를 공론화하고 입법으로 이끄는 데 자발적 조직과 개별 개혁가의 역할 그리고 일반 의원의 입법 노력이 주된 동력으로 작용하였다. 그렇지만 1830년 이후에는 명확한 변화가 발생하였다. 개혁 에너지가 훨씬 폭이 좁은 준관료적 엘리트로부터 출발해, 공식적 보고서를 매개로 해서 의회 지도자의 주도에 의해 전달되는 방식이 자리를 잡았다.[13] 1830년대부터 준관료 집단의 공식적 조사의 기제가 정치적 반대파를 무력화하고 정보에 대한 접근성을 확보함으로써 정부의 강력한 무기로 등장한 것이다. 1832~1834년의 빈민법 개정이 가장 대표적인 사례라고 볼 수 있다.[14] 이를 자세히 살펴보자.

앨토프 경(Lord Althorp)은 1832년 빈민법 왕립위원회(Royal Commission on Poor Laws)의 보고서와 이전의 보고서들을 비교하면서 중대한 차이점을 발견하였다. 이전에 간헐적으로 진행된 특별위원회 조사의 경우 대부분의 정보가 '증언을 위해 통상 자발적으로 나온 신사에 의해' 제공되었는데, 이런 정보는 '사실과 매우 다르고 견해와 이론에 의해 크게 오염된' 것으로 보였다. 이와 대조적으로 빈민법 왕립위원회는 총 15권에 이르는 방대한 분량의 체계적이고 종합적인 증언과 주장들을 담고 있다고 앨토프 경은 강조하였다. 이후의 역사가들이 논쟁을 벌이며 밝히게 된 사실은, 왕립위원회 보고서가 위원회의 주장을 곳곳에서 드러내고 있으며, 수록한 증언도 필요에 따라 선별하였고, 전체적으로 개혁 목표에 맞추어 종합적으로 조율되었다는 것이다. 그러나 당시에 왕

13 이 새로운 유형의 관료층을 '은폐된 정치가'(statesmen in disguise)라고 부르기도 하였다.
14 Brundage(1978), pp. 15~104; Song(1988).

립위원회 보고서가 정책 결정에 중대한 영향을 끼쳤다는 점에는 의문의 여지가 없다.[15]

다른 차이점들도 발견할 수 있다. 1800년 이전의 조사 활동은 중앙정부보다는 지방정부의 자원에 의존하는 경향이 컸다. 반면에 그 이후에는 중앙정부에서 대대적인 자원 조달이 이루어졌다. 사용된 비용에도 큰 차이가 있었다. 1760~1800년에 총 353개의 특별위원회가 의회에 설치되었지만, 위원회들의 역할은 제한적이었다. 예를 들어, 1790년대에 활동한 농업위원회(Board of Agriculture)는 초기에 중앙정부에서 상당한 지원을 받았지만, 1800년대에 각 지역의 실태를 조사하려 하자 중앙정부가 상세한 보고를 요구하여 마찰이 발생하였다. 그에 따라 농업위원회가 의존한 재원도 부족하고 각 지역의 보고원도 다양해졌기 때문에, 지역별로 정보의 질에 편차가 크게 발생하는 결과를 초래하였다.[16]

이와 대조적으로 1807~1826년에 38개의 왕립위원회가 조직되었는데, 이 기간에 왕립위원회의 유지에 든 비용은 연평균 34,580파운드였으며, 그 후 10년 동안 유지 비용은 177% 증가하여 61,190파운드에 이르렀다. 이 추세는 1830년대 들어 개혁을 적극적으로 추진하는 휘그 정권이 집권하면서 더 강화되었다. 1830~1842년에 53개의 위원회가 들어섰고, 연간 비용은 88,000파운드에 달하였다.[17]

15 송병건(2008b), 제7~8장.
16 Eastwood(1989), pp. 280~285.
17 Eastwood(1989), pp. 279, 286.

새로운 시스템

1830년대 권력의 중앙 집중을 가져온 중요한 요인은 정보의 집중과 중앙정부가 임명한 위원들의 역할이었다. 정부는 과거의 위원회들이 비효율적이고 전문성도 부족한 경우가 많았다고 판단하였다. 이 문제에 대한 해결책은 비정규 관료제의 창설이었다. 조사를 담당한 주체로 국가는 왕립위원회의 승인 아래에 보조위원(assistant commissioner)을 임명하였다. 1830년대 보조위원의 대다수는 법정 변호사로, 기존의 신사 아마추어 조사관과 차이를 보였다. 자의식이 강한 관료적인 부르주아 계급의 행정가들이 주류를 이룬 것이다. 공중보건 개혁가로 앞에서 여러 차례 등장하였던 채드윅이 보조위원에서 1833년 빈민법 위원으로 승격하였고, 동시에 아동고용위원회(Commission on the Employment of Children)의 위원으로 임명된 것은, 젠트리 중심의 명예직에 대한 부르주아의 효율적 관료제의 승리를 상징하는 변화였다.[18]

자료의 내용에서도 괄목할 만한 차이가 나타났다. 19세기 초반 이전에 조사된 자료는 주로 정치산술(political arithmetic)의 용도로 활용되었는데, 대개 특정 시점의 상황을 보여 주는 자료였다. 다시 빈민법 자료의 예를 들어 보자. 1748~1750년, 1776년, 1783~1785년, 1802~1803년에 빈민법 자료가 수집되었는데, 이들은 모두 해당 연도의 빈민법 운

18 Perkin(2002). 1818년 자선위원회(Charity Commission)에서부터 변화가 뚜렷하게 나타났다. 이 위원회의 설계자인 브로엄 경(Lord Brougham)은 변호사로 위원회를 구성하는 게 필수적이라고 언급하였다.

영 사례를 보여 주는 자료였다. 이와 달리 1930년대부터 작성된 자료는 각종 사회 문제의 시기적 추이를 보여 줌으로써 입법을 추진하는 주요 무기가 될 수 있었다. 1834년의 빈민법 보고서는 1813년 이래 구빈 지출 통계를 집적함으로써 구빈 부담이 가중되고 있는 추이를 제시하여 설득력을 높였다.[19]

이러한 변화는 중앙정부가 고용한 인력에 대한 양적 통계로도 뒷받침된다.[20] 〈표 4-1〉은 1690~1829년 기간에 영국의 중앙정부에 의해 고용된 인력의 수를 보여 준다. 정부 피용인의 절대적 다수는 세관원이었다. 이들의 수는 1690년 2,524명에서 1755년 6,484명으로, 그리고 1928년에 19,954명으로 증가하였다. 기타 피용인은 같은 기간에 각각 147명, 971명, 2,411명으로 증가하였다. 합산을 해 보면 1690년 중앙정부의 피용인은 2,671명이었다가 1755년에 7,455명으로 세 배 가까이 증가하였고, 다시 1829년에는 22,367명으로 또 세 배가 증가하였다. 이렇게 빠른 속도로 증가한 인력의 상당수가 바로 통계혁명 시대의 전문 인력으로 활용되었다고 볼 수 있다.

정치경제학의 등장

통계혁명 시대가 개막된 데에는 사상적으로 정치경제학이 새롭게

19 18세기 말부터는 정치산술과 사회조사를 연계하려는 시도가 일부 등장하기도 하였다. 그 대표적 성과가 1801년에 시작된 인구센서스였다. 그러나 이 조사는 특정 정책으로 직결되지는 않았다.

20 Hoppit(2010), pp. 344~367.

표 4-1 중앙정부의 피용인 수, 1690~1829년

연도	세관원	기타	합계
1690	2,524	147	2,671
1755	6,484	971	7,455
1829	19,956	2,411	22,367

자료: Hoppit(2010), p. 349.

대두한 사실도 의미가 컸다. 대표적으로 1810년대부터 고전파 경제학의 핵심 주장인 맬서스와 리카도(David Ricardo)의 이론을 실증적으로 입증하려는 조사가 이루어지기 시작하였다. 주로 빈민 구호와 노동자의 임금 등에 조사의 초점이 맞추어졌다. 바로 이렇게 통계를 수집하고 분석하는 과정이 고전파 경제학이 실제 정치 무대에 등장하는 과정이었다.[21] 한편, 정치경제학적 입장을 비판하는 주장도 사회조사의 발달에 기여하였다. 특히 제러미 벤담(Jeremy Bentham)이 주창한 공리주의(Utilitarianism)에 입각한 개혁 움직임은 '정부혁명' 논쟁에서 많이 논의된 것처럼 상당히 중요한 요인으로 작용하였다. 그렇지만 정치경제학과 공리주의가 반드시 상충하는 관계에 있었던 것은 아니다. 예를 들어, 개혁가 채드윅의 경우 정치경제학과 공리주의의 영향을 한꺼번에 받은 것으로 이해할 수 있다.[22]

21 Cowherd(1977), pp. 139~146.
22 Goldman(1983), pp. 587~616.

4. 맺는 글

이상의 내용을 종합하자면, 1830년대에 정보 수집은 전례 없는 규모로 이루어졌는데, 여기에는 하나의 사상적 조류만이 영향을 끼쳤던 것이 아니었다. 따라서 사상적 원류를 찾는 것보다는 중앙정부가 지방정부에 사회조사의 자원을 의존하지 않고 새로운 기구를 통해 준관료적 전문가를 활용하였다는 점, 그리하여 정보가 지방정부에서 중앙정부로 옮겨 축적되었다는 점, 이렇게 모인 정보가 입법의 추진 동력으로 적극적으로 사용되었다는 점, 그리하여 의회를 포함하여 정부가 작동하는 방식이 본질적으로 변화하였다는 점이 더 중요하였다. 이를 통해 입법 과정의 중앙화가 진행되었던 것이다.[23] 존 스튜어트 밀(John Stuart Mill)이 날카롭게 지적한 대로 "권력은 지방화될 수 있지만 지식은—가장 유용하기 사용되기 위해서는—반드시 중앙화되어야만" 하였다.[24]

1830년대에 지식이 중앙으로 집결되고 이를 동반하여 새로운 부르주아 전문 관료층이 등장한 것이 이 시기에 나타난 중대한 변화이고, 이것이 19세기 후반 산업재해 및 공중보건과 관련해 개혁이 추진될 수 있는 정부 측면의 원동력이었다. 교육개혁, 공장개혁, 교도소개혁, 경찰개혁, 공중보건개혁도 모두 비슷한 양상을 보였다. 가히 통계혁명이라고 부르기에 모자람이 없는 변화였다.

23 Eastwood(1989), p. 292.
24 Mill(2010[1861]).

5

제5장
제도혁명

특허 제도는 경제 발전에 얼마나 공헌하였나?

1. 머리글: 특허 제도의 진화

특허 제도의 탄생

발명 및 혁신과 관련하여 가장 크게 주목을 받는 제도가 특허 제도이다. 원래 '특허'(patent)란 용어는 라틴어로 '열다', '노출하다'라는 의미의 '파테오'(pateo)에서 나왔다. 대중이 확실하게 알 수 있도록 공표한다는 의미다. 이 용어는 중세를 거치면서 권력자가 특정인에게 토지, 작위, 혹은 특별한 권리나 혜택을 부여할 때 사용되었고, 점차 외국 기술자가 자신이 보유한 숙련 기술을 들여올 때 권력자가 부여하는 특권에 대해서도 사용되었다.[1]

현대적 의미에 가까운 용어로서의 특허는 이탈리아의 상업 도시 베네치아에서 처음 사용되었다. 1474년에 제정된 세계 최초의 특허법은 다음과 같은 문장을 담고 있다. "이 도시에는 머리가 아주 뛰어나 온갖 종류의 기발한 장치를 고안하고 발명할 수 있는 사람들이 있다. 또한 매일 도시의 위대함과 선함 때문에 다른 곳들에서 찾아오는 사람들이 있다. 그들에 의해 발명된 작품과 장치들은 남들이 베끼지 못하도록 규정되어야 한다. 그래서 그들의 명예가 깎이지 않고, 그런 사람들이 머리를 써서 우리 국가에 적지 않은 효용과 혜택을 가져다주는 물건들을 발

1 Bottomley(2014a), p. 1. 이하 내용의 상당 부분은 이 책에 의존한다.

명하고 제작하게 해야 한다." 새로운 기술의 발전을 돕는다는 점이 특허법의 중요한 입법 취지였음을 알 수 있다.

이후 특허법은 점차 이탈리아의 다른 지역들로, 그리고 유럽의 다른 지역들로 전파되었다. 독일의 여러 공국을 거쳐 프랑스와 스페인, 그리고 네덜란드와 벨기에, 그리고 영국으로 순차적으로 특허 제도가 확산하였다. 영국에서는 1562년에 특허법이 제정되는데, 여기에도 베네치아 특허법이 강조하였던 것과 마찬가지로 뛰어난 기술을 새로 개발하도록 장려하기 위한 것임이 명시되어 있다.

특허 제도의 다양한 목적

그러나 특허 제도가 의도하는 바가 여기에 국한된 것은 아니었다. 특허 제도가 여러 국가에서 해당 국가의 독특한 경제적 및 사회적 상황에 맞게 진화하면서 특허 제도의 구체적인 강조점에도 다양한 변화가 발생하였다. 특허의 목적에 대한 다양한 관념을 다음과 같이 정리할 수 있다.

첫째, 가장 널리 알려진 목적으로 특허는 혁신 활동을 장려하는 데 필요하다는 것이다. 발명을 하기 위해서는 적지 않은 비용이 소요되는데, 발명품을 누구나 무료 혹은 그에 가까운 가격으로 사용할 수 있다면 앞으로 발명을 하려는 사람은 없게 될 것이다. 발명된 신기술은 본질적으로 비경합적(non-rivalrous)인 속성을 지닌다는 점이 이 주장의 핵심 근거가 된다. 비경합적이란 신기술의 사용자 수와 무관하게 사용자들이 같은 수준의 기술을 쓸 수 있다는 뜻이다.

더글러스 노스(Douglas C. North)는 발명 활동이 비경합적이기 때문에 특허 제도가 없었던 전통 사회에서는 사회적 최적 수준에 미달하는 만큼의 발명만 이루어져 왔다고 분석하였다.[2] 이런 환경에서는 특허법을 통해 발명가에게 일정한 기간 독점이윤을 보장함으로써 사람들에게 발명의 유인을 제공해야 한다는 것이 그의 논지다.[3] 여기에는 발명가만이 발명품을 배타적으로 쓸 수 있게 하는 방법과 더불어 발명가가 다른 사용자들에게 라이선스를 유료로 발급하는 방법도 포함된다.

둘째, 발명이 체계적으로 이루어지도록 만들기 위해서도 특허 제도가 필요하다. 특허 제도는 통상 특허 내용을 기술적으로 상세하고 정확하게 묘사하여 누구나 정확하게 이해할 수 있도록 강제하는 규정을 둔다. 특허를 통해 현재 시점에서 어떤 발명이 존재하는지 정보가 투명하고 신속하게 공개되면, 발명 노력이 중복되는 사회적 비용을 회피할 수 있다. 그리고 앞으로 어떤 부문에서 새로운 발명이 필요한지, 그리고 기존 기술 가운데 가장 앞선 기술을 누가 보유하고 있는지를 확인할 수 있기 때문에, 발명 노력이 효율적으로 배분될 수 있게 만든다.[4]

셋째, 특허는 발명된 내용이 쉽고 빠르게 전파되도록 돕는다. 특허 제도가 갖추어져 있지 않다면 발명가는 자신이 발명한 내용을 남에게 노출하지 않은 채 상용화해야 한다. 그런데 비밀을 유지하며 작업을 하

2 North(1981[1973]).
3 이 주장을 담은 선구적 연구로는 Arrow(1962).
4 Kitch(1977), p. 276.

려면 다른 기술자와 협업하거나 잠재적 자본가를 찾는 데 어려움이 따르게 된다. 결국 최적의 기술적 협업자나 자본가를 찾지 못한 발명가는 상용화에 난관을 겪게 될 가능성이 크다. 특허는 비밀 작업이 초래하는 개인적 및 사회적 비용을 덜어 주는 역할을 한다.

넷째, 공공에 기여한 발명을 보호하고 사회적으로 인정하는 제도를 갖추는 것은 도덕적 의무라는 주장도 있다. 지금까지 알려지지 않은 새로운 발명을 위해서 발명가가 투여한 노동과 노력과 재능에 대해 응분의 보상이 주어져야 한다는 것이다. 밀은 발명가에게 아무런 보상을 주지 않고 아무나 발명 내용을 무상으로 사용하게 된다면, 이는 '지극히 비도덕적'이라고 언급한 바 있다.

2. 특허 제도의 효과

다양한 연구들

이렇듯 특허 제도는 다양한 경로를 통해 발명과 기술 전파를 유도한다고 많은 학자들이 설명해 왔다. 특허 제도는 과연 기술 진보에 얼마나 강력하게 영향을 미칠까? 특허 제도의 효과에 대해서 그간 많은 연구가 이루어져 왔다. 연구의 결과는 일률적이지 않다. 분석 대상이 된 국가, 분야, 기간 등 다양한 요인에 따라 상이한 결과가 도출되어 왔다. 적어도 특허가 창출하는 보호막이 기술 진보를 자동으로 유발한다고 볼 수 없음은 명확하다.

예를 들어, 지난 150년 동안 60개국에서 발생한 271종의 특허개혁을 연구한 조시 러너(Josh Lerner)는 특허의 강화 자체가 기술 진보를 촉진한다고 말할 수는 없다고 지적하였다. 그는 이미 보호 수준이 높고 보호의 범위가 포괄적인 경우 추가적 특허 강화의 효과가 미미하다고 결론을 내렸다.[5] 발명을 모방하는 데 적지 않은 비용이 수반된다는 점이 강조되기도 한다. 여러 연구가 산업의 종류에 따라 모방 비용에 차이가 크고 이런 차이는 과학 지식의 수준에 크게 의존한다고 지적한다. 예를 들어, 화학공업의 경우 1869년 이전까지 모방 비용이 매우 높은 수준이었는데, 그때 특허의 보호력은 상당히 제한적이었던 것으로 나타났다.[6] 별도의 연구에서 모키어는 영국 산업혁명 시기에 특허 제도가 발명가의 이익을 충분히 보호하기에는 미흡한 면이 많았다고 지적하였다. 다른 생산자가 특허를 침해하였을 경우 손해를 배상받을 확률과 배상의 범위에 대해 특허 출원자가 만족하지 못한 사례는 실제로 많다. 그렇지만 이 해석을 지나치게 확대하는 것도 위험하다. 당시 발명가들에게 여전히 특허가 중요한 관심사였다는 증거도 많기 때문이다.[7]

특허 제도의 존재 여부, 또는 특허 제도의 보호 수준이 발명과 혁신의 방향에 영향을 준다는 연구들도 있다. 대표적으로 페트라 모저(Petra

5 Lerner(2002); Lerner(2009), pp. 343~348.
6 Mansfield, Schwartz, and Wagner(1981), p. 909.
7 Mokyr(2009a), pp. 349~350.

Moser)는 1851년 런던에서 개최된 만국박람회에 출품된 발명품들을 분류하고 그중 과학 도구의 비율을 특허 제도의 유무와 관련지어 해석하였다. 그의 조사에 따르면, 당시 특허 제도가 존재하지 않았던 스위스와 덴마크에서 과학 도구가 자국의 전체 출품 제품에서 차지하는 비중이 각각 27%와 23%로 나타났다. 이는 여타 출품 국가들에서 과학 도구가 차지하는 비중이 평균 6%에 지나지 않았다는 사실과 뚜렷한 대조를 이룬다. 계측 기구, 광학렌즈, 온도계 등의 과학 도구는 생산 규모가 크지 않고 생산 방법이 표준화되지 않았다는 특성이 있었다. 따라서 과학 도구는 통상 특허로 보호를 하기보다는 생산 방법을 비밀에 부치는 방식이 많았다. 모저는 이런 관찰을 통해 다음과 같은 결론에 도달하였다. 특허 제도가 존재하지 않거나 강력하게 시행되지 않고 있는 국가에서는 생산 방법이 다양하거나 역공학(reverse engineering)[8]이 가능한 업종으로 발명과 혁신 활동이 집중된다는 것이다.[9] 즉, 특허의 보호 수준에 따라 발명과 혁신이 이루어지는 방향이 강하게 영향을 받는다는 주장이다.

사법부의 태도

특허 제도가 얼마나 효과가 있었는가를 살펴보는 방법으로 특허 업

8 제품을 분해하여 세부적으로 조사하는 방법을 통해 제조법을 밝혀내고 이를 기초로 모방 제품 혹은 유사 제품을 생산하는 방식을 말한다.

9 Moser(2005), p. 1224. 1851년 당시 특허 제도의 보호력이 강하였던 미국과 영국에서는 박람회에 출품한 발명품들의 구성이 매우 유사하였다. 또한 Moser(2013), pp. 23~44.

무와 밀접하게 관련되어 있었던 사법부가 특허 제도를 어떻게 인식하였는가를 살펴보는 길도 있다. 해럴드 더튼(Harold Dutton)은 사법부의 특허에 대한 부정적 태도가 특허 제도의 효과적 운영을 막았다고 주장하는 대표적인 학자다.

특허에 대해 재판관들이 적대적 관점을 유지하였다고 주장하는 더튼의 논거는 무엇일까? 그는 재판관이 특허에 대해 얼마나 적대적이었는지 특허 관련 소송의 판결 결과를 통해서 측정할 수 있다고 주장하였다. 또한 특허 관련 소송 건수도 특허권자에게 법적 제도가 우호적이었는지를 판단할 수 있는 근거가 될 수 있다.

〈표 5-1〉은 1770~1849년 영국의 특허 자료를 분석하여 통계를 작성한 것이다. 더튼은 이 기간에 소송이 진행된 특허 257건을 대상으로 분석을 진행하였다.[10] 이 자료를 보강해 숀 버텀리(Sean Bottomley)는 총 401건의 특허를 분석의 대상으로 삼았다. 괄호 안에 표시된 수치가 더튼의 분석 결과이다. 더튼은 이 기간을 1770~1799년, 1800~1829년,

표 5-1 영국의 특허 소송과 승소율 통계, 1770~1849년

기간	건수	특허권자 승소율(%)	특허 출원 건수	기소 건수	기소 비율(%)
1770~99	39 (21)	48 (38)	1,418	34 (16)	2.4 (1.1)
1800~29	97 (61)	48 (34)	3,510	78 (50)	2.2 (1.4)
1830~49	265 (175)	59 (69)	6,854	201 (142)	2.9 (2.1)

주: ( ) 안은 더튼의 통계.
자료: Bottomley(2014a), p. 82.

10 Dutton(1984). 이 책은 우드크로프트(B. Woodcroft)가 수집한 데이터를 분석한 결과를 담고 있다(Woodcroft, 1854; Woodcroft, 1855).

1830~1849년으로 구분해 연구를 진행하였다.

그의 분석에 따르면, 앞의 두 기간에서 특허에 대해 기소가 이루어진 사례가 적고 특허권자의 승소율도 낮은 것으로 나타났다. 그러나 1830~1849년 기간에는 특허권자의 승소율이 상당한 정도(69%)로 높아졌다. 이를 통해 그는 1830년경을 기점으로 해서 특허에 대한 재판관들의 태도가 우호적인 방향으로 변하였다고 결론을 내렸다. 그는 또한 특허 관련 판결문에도 특허에 대한 부정적 태도가 자주 발견된다고 강조하였다.[11]

1830년 이전에는 사법부가 특허에 대해 냉담한 태도를 견지하였다는 더튼의 주장에 대해 비판을 제기할 수 있다. 당시 특허 관련 분쟁의 대다수는 법원에 가는 상황을 맞이하기 이전에 합의를 보는 방식으로 해결되곤 하였다. 기술 사용료가 법률 비용보다 훨씬 저렴하였기 때문이다. 즉, 원고와 피고 둘 다 막대한 금액의 법률 비용을 부담하는 것보다는 적절한 수준의 기술 사용료를 지불하는 선에서 합의를 보는 것이 합리적이었다고 볼 수 있다. 또 특허 관련 분쟁 사례가 적다는 사실은 다르게 해석하면 그만큼 특허의 안전이 보장되어 있었기 때문이었다. 재판에 이르지 않더라도 특허권자에게 유리하게 합의가 이루어질 수 있었다고 해석할 수도 있는 것이다.[12]

11 Dutton(1984), pp. 71~78. 예를 들어, 1810년 수석 재판관 엘런버러(Ellenborough)는 플루트 제조에 관해 청원된 특허에 대해 제목이 잘못되었다는 이유로 폐기를 명하였다. 더튼은 이 실수에 청원자의 악의가 없었고 특허 명세서에서 발생한 중대 실수도 아니므로 재판관의 적대감만이 폐기 명령을 설명할 수 있다고 주장하였다. 더튼의 주장에 대해 동시대인들과 역사가들은 대체로 인정하지 않고 있다.

3. 영국 특허 제도의 실태

특허법의 변화

영국에서 특허 제도는 장기간 점진적인 과정을 거쳐서 제정되고 보완되었다. 1535년 제정된 인장및옥새서기법(Clerks of the Signet and Privy Seal Act)은 모든 종류의 특허 청원 절차를 여러 부서를 통하는 복잡한 과정으로 만들었다. 당시에는 사무원들이 임금을 받지 않고 서비스 이용자의 수수료에 의존하였기 때문에 의도적으로 절차가 복잡성을 띠게 만들었다고 추측된다.

1562년 최초의 특허법이 제정된 데 이어, 1624년 독점법(Statute of Monopolies)이 의회를 통과하였다. 이 법은 특허법을 보통법 체계 내로 통합하는 내용이었는데, 개인에게 법에 의거해 사적 소유권을 안정적으로 보장하는 효력을 지녔다. 이 법의 제정으로 발명가의 지식재산권이 실질적으로 보호될 기반이 마련되었다.[13] 이런 측면에서 볼 때 이 법은 영국의 근대적 특허 제도 확립에 중요한 분수령이 되었다고 평가할 수 있다. 하지만 실질적인 지식재산권의 보호는 시간이 흐르면서 여러 보완 입법이 마련되는 과정을 거쳐야만 견고해질 수 있었다.

1710년 회의는 앤여왕법(Statute of Anne)이라고 불리는 저작권법을 통

12 Bottomley(2014a), pp. 83~85.
13 North and Thomas(1981[1973]), p. 154.

과시켰다. 이 법은 모든 출판물에 14년의 저작권 존속 기간을 부여하고 저자가 생존하는 경우 1회 갱신할 수 있으며, 1710년을 기준으로 이미 출판된 저작물의 저작권이 21년간만 존속한다고 규정하였다. 앤여왕법은 18세기에 발생한 다양한 사회질서 변화의 하나로 평가된다. 일부 역사가들은 앤여왕법을 근대적 저작권의 본격적 출발점이라고 보기도 한다. 그러나 이후의 상황을 보면 법 제정 이후 단기간에 저작권이 명확히 확립되지는 못하였음이 분명하다. 저작권을 둘러싸고 치열한 논쟁과 소송이 이어졌다는 사실이 이를 말해 준다. 즉, 근대적인 저작권 개념은 이러한 논의가 누적되는 과정을 통해 점진적으로 다듬어진 것으로 보는 게 타당할 것이다.[14]

또 다른 중요한 변화는 1730년대를 거치면서 특허를 청원할 때 특허 명세서(patent specification)의 제출을 의무화한 것이다. 이는 법률적 변화이기보다 관행상의 변화였는데, 아래에서 살펴볼 것처럼 특허 제도의 효과에 대해 매우 중대한 의미를 지녔다. 1770년대 이후 특허 명세서를 정확하게 작성하는 것은 특허 청원 절차의 중요한 일부분으로 인식되었다.[15] 특허 명세서의 의무적 작성을 제외하고는 1852년 특허법 개정법(Patent Law Amendment Act)이 제정되어 특허 제도가 전면적으로 정비될 때까지 영국의 특허 제도에 두드러진 변화는 발생하지 않았다.

14 대표적 소송으로 1769년 Miller v. Taylor와 1774년 Donalson v. Beckett을 들 수 있다(Bottomley, 2014a, 제2장).

15 이후 일단 제출된 명세서는 그 이후에 수정할 수 없다는 법안 조항이 마련됨으로써 명세서의 정확한 기재의 필요성을 특허권자에게 강요하는 요소로 작용하였다.

사상사적 고려

영국 특허 제도의 특질을 사상사적 측면에서 살펴보는 것도 의미가 있다. 특허는 발명가에게 기술 개발의 유인으로 작용하고, 이를 통해 공공의 이익이 창출된다는 것이 특허를 인정하고 일정 기간 독점 사용권을 허용하는 이유라고 볼 수 있다. 왕권과의 관계를 놓고 보면, 특허 제도를 확립한다는 것은 특허권을 왕이 자의적으로 부여하던 관행에 제동을 건다는 의미를 지녔다. 이것은 특허를 자연권적 권리라는 개념으로 이해할 기초가 된다. 실제로 프랑스를 비롯해 브라질, 러시아, 스페인 등 많은 국가에서 특허권은 자연권적인 권리로 받아들여졌다.

그런데 이와 달리 영국에서는 특허가 자연권적 권리라는 개념이 덜 중요하게 생각되었다. 오히려 사회계약의 관념에서 특허법을 발전시켜 나갔다는 특징을 보였다. 사회계약은 서로 다른 두 주체가 합의를 통해 양자의 이익을 공동으로 도모할 수 있도록 제도를 완성해 간다는 것을 핵심적 내용으로 한다.

특허 제도의 경우 발명가, 즉 특허권자의 사적 이익과 대중의 공익을 결합하는 것이라는 점에 강조점을 둔다. 영국에서 군주는 특허권자에게 14년 동안 특허에 대한 독점적 권리를 부여하고 이 기간이 종료한 후에는 공공의 이익을 위해 특허가 개방적으로 사용되어야 한다는 내용으로 결론이 지어졌다. 특허 명세서에 기술적 내용을 명확하게 기재해야 한다는 요구사항이 강조된 것도 바로 공익에 봉사할 수 있도록 해야 한다는 사상이 바탕에 깔려 있었다고 볼 수 있다.[16]

시기적, 지역적 추이

영국의 특허 신청 건수는 시기적으로 어떤 추이를 보여 줄까? 일군의 학자는 1620~2005년의 긴 기간에 영국에서 신청된 인구당 특허 건수를 계산하였다.[17] 이를 그래프로 그린 것이 〈그림 5-1〉이다.

1620년부터 1770년경까지는 연도별 특허 신청의 편차가 매우 컸다.

▌그림 5-1 영국의 인구당 특허 신청 건수, 1620~2005년

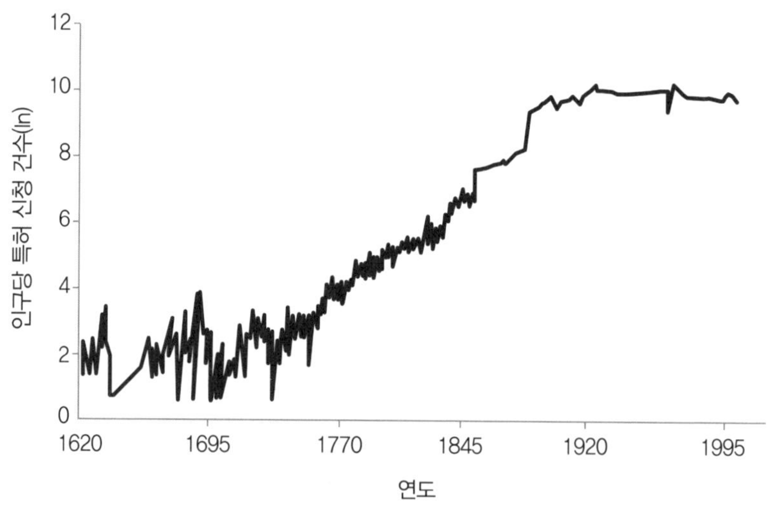

주: 5년 평균치 자료.
자료: Madsen, Ang, and Banerjee(2010), p. 275.

16 특허 명세서는 1778년 Liardet v. Johnson 사건의 판결이 사회계약적 요소를 강조한 것을 계기로 특허 등록의 중요 요건으로 자리를 잡았다는 것이 통설이다(Bottomley, 2014a, 제2장).

17 Madsen, Ang, and Banerjee(2010), pp. 263~290.

그림 5-2 노동자 일인당 특허 신청 건수, 1620~2005년

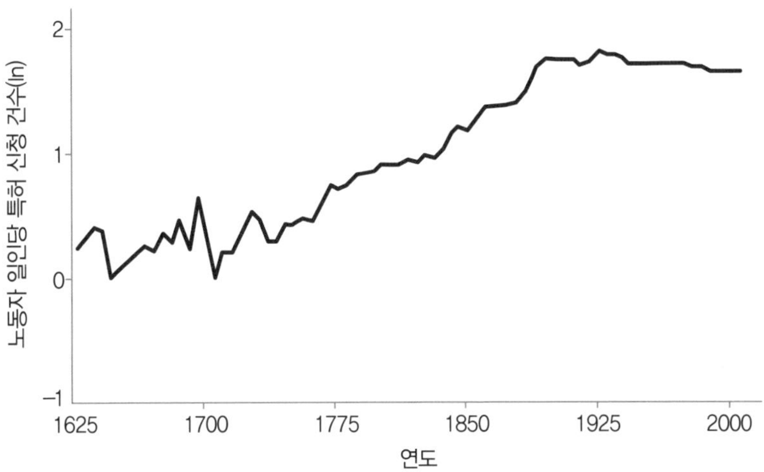

주: 5년 평균치 자료.
자료: Madsen, Ang, and Banerjee(2010), p. 275.

그 후 편차가 지속적으로 작아졌고, 그와 동시에 1770~1900년에 빠른 속도의 증가세를 보여 주었다. 20세기에 들어서면 특허 신청 건수는 증가 속도가 현저하게 느려짐을 알 수 있다. 우리의 논의와 관련해 중요한 점은 산업혁명이 한창 진행된 18세기와 19세기가 특허 출원의 움직임이 매우 강하였던 시기였다는 사실이다.

그런데 이 시기에는 인구 중에서 노동자가 차지하는 비중에도 변화가 발생하였다는 점을 고려해야 한다. 이런 사정을 감안해 〈그림 5-2〉는 노동자 일인당으로 계산한 특허 신청 건수를 보여 준다. 이 역시 18세기 중반 이후 19세기 말까지 가장 빠른 속도로 노동자 일인당 특허 신청 건수가 증가하였음을 보여 준다. 이를 통해 당시의 특허 건수 증

그림 5-3 잉글랜드, 스코틀랜드, 아일랜드의 특허 추이, 1700~1851년

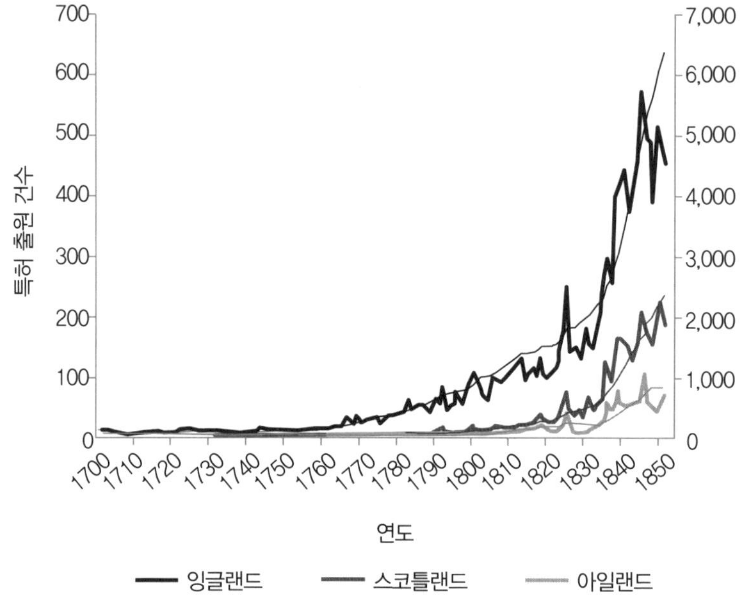

자료: Bottomley(2014a), p. 55.

가가 인구 증가는 물론이고 생산 활동에 참가하는 노동자 일인당으로 계산해서도 발생하였다는 사실을 확인할 수 있다.

〈그림 5-3〉은 영국에서 얼마나 많은 특허가 출원되었는가를 보여준다. 잉글랜드와 스코틀랜드, 그리고 아일랜드를 구분하여 표시하였다. 1700년에서 1851년에 이르는 기간을 대상으로 하는 이 그래프를 통해 시기적으로 특허 출원이 어떤 추이를 보였는가를 확인할 수 있다.

1760년대까지 60여 년 동안은 특허 출원이 적은 수에 불과하였다. 1700~1767년에 출원된 특허는 총 522건이었다. 이는 1790년대에 출원

된 특허가 647건이었다는 점과 대조를 이룬다. 그러나 1767년 이전에 영국의 산업혁명을 이끈 중요한 발명품들이 등장하였다는 사실은 기억할 가치가 있다. 토머스 뉴커먼(Thomas Newcomen)의 기압기관, 존 케이(John Kay)의 비사(flying shuttle), 조사이어 웨지우드(Josiah Wedgwood)의 도자기, 에이브러햄 다비(Abraham Darby)의 코크스 제련법 등이 모두 여기에 해당한다.[18] 1760년대부터는 특허가 서서히, 그렇지만 꾸준한 증가세를 보였다. 이 증가세는 1830년대까지 계속되고, 이후 급증 추세로 변환된다. 그 결과 1840년대에는 1830년대보다 약 두 배나 되는 수의 특허가 출원되었다.[19]

〈그림 5-4〉는 잉글랜드에 대비하여 스코틀랜드와 아일랜드의 특허 비율을 보여 준다. 스코틀랜드의 경우 잉글랜드에 대한 비율이 지속적으로 상승하였다. 이는 스코틀랜드가 산업혁명 과정에서 소외되지 않았음을 의미한다. 이와 달리 아일랜드는 특허 출원 추세가 정체되었고 일시적으로는 하락하기까지 하였다. 서유럽에서 최빈국에 속하였던 아일랜드는 잉글랜드에 종속된 형태의 농업 중심 경제 구조를 계속 보유하였기 때문에 나타난 현상이었다.

이런 차이는 인구 대비 특허 수의 통계에서도 그대로 나타난다. 스코틀랜드의 경우 100만 명당 특허의 수가 1781년에 13.0건, 1811년에 108.6건, 1851년에 818.0건으로 두드러진 상승세를 보였다. 반면에 아일랜드는 1781년에 3.7건, 1811년에 18.8건, 1851년에 134.0건으로 스

18 Bottomley(2014a), p. 42.
19 Bottomley(2014a), pp. 17~18.

▮ **그림 5-4** 잉글랜드 대비 스코틀랜드와 아일랜드의 특허 비율, 1775~1851년

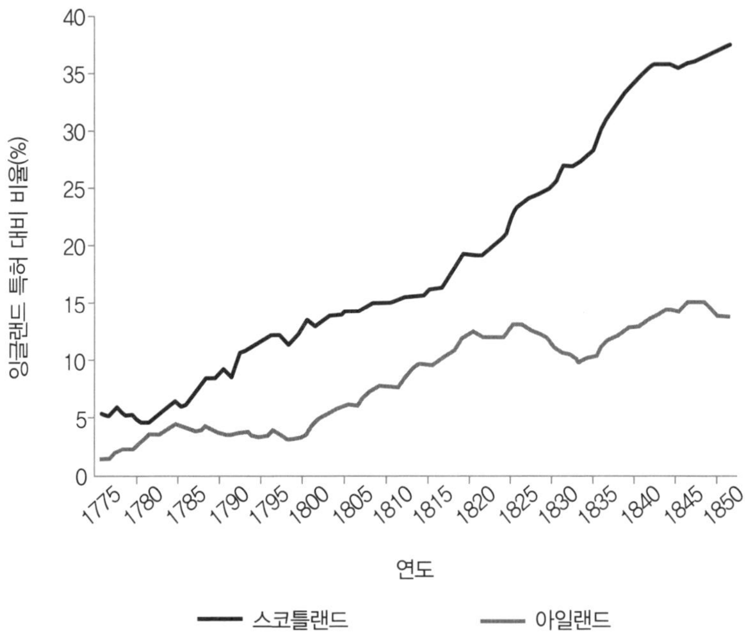

자료: Bottomley(2014a), p. 55.

코틀랜드에 비해 크게 뒤진 양상을 보여 주었다.[20]

산업별 특허 분포

그간의 연구들을 살펴보면, 산업혁명 시기에 특허 제도가 중요한 역할을 하였다는 데 동의하는 견해가 많다. 한 연구에 따르면, 1660~1830

20 Bottomley(2014b), p. 56.

년 기간에 활동한 72명의 핵심 발명가 가운데 81%에 해당하는 발명가가 자신의 발명품을 어느 시점에서건 하나 이상 특허 출원하였다. 이 '슈퍼스타' 발명가들 가운데 21%는 10종 이상의 특허를 출원한 것으로 나타났다. 특허 출원을 원하였으나 이런저런 사정으로 특허 취득에 실패한 사례도 있었다. 이렇듯 산업혁명 시기에 발명 활동에 종사한 대부분의 유명 발명가들은 특허 취득을 염두에 두고 일을 진행하였다. 데이터를 확장해 687명의 덜 유명한 발명가들을 추가하면, 수치는 다소 낮아진다. 40%는 특허를 출원하지 않거나 못하였고, 둘 이상의 특허를 출원한 기술자의 비율은 35%로 나타난다.[21]

다음으로 〈표 5-2〉는 산업혁명이 한창 진행되고 있던 시기인 1775~1841년을 대상으로 산업별 특허 출원 분포를 보여 준다. 잉글랜드의 경우 총 8,112건의 특허 가운데 직물이 1,067건(13.15%), 기계가 1,051건(12.96%), 화학이 669건(8.25%)의 순이었다. 스코틀랜드의 경우 직물이 415건(20.89%), 기계가 303건(15.25%), 화학이 252건(12.58%)의 순이었고, 아일랜드는 직물이 163건(18.74%), 화학 135건(15.52%), 기계 104건(11.95%)의 순으로 나타났다. 약간의 차이는 있지만 직물, 기계, 화학이 특허 출원을 주도한 핵심 산업이라는 데 이견을 달기 어렵다. 그밖에 특허 출원이 활발하게 일어났던 산업으로는 운송, 음식, 하드웨어, 제조업, 야금, 제지 등을 들 수 있다. 이들은 대부분 전통 산업이 아니라 산업혁명 기간에 기술적 변화를 크게 경험한 신산업이라는 공통점

21 Meisenzahl and Mokyr(2011), pp. 1~50.

표 5-2 잉글랜드, 스코틀랜드, 아일랜드의 산업별 특허 수와 비율, 1775~1841년

산업	잉글랜드		스코틀랜드		아일랜드	
	특허 수	비율(%)	특허 수	비율(%)	특허 수	비율(%)
농업	253	3.12	31	1.56	15	1.72
운송	454	5.60	73	3.67	29	3.33
화학	669	8.25	252	12.58	135	15.52
의복	170	2.10	31	1.56	13	1.49
건설	364	4.49	47	2.37	27	3.10
기계	1,051	12.96	303	15.25	104	11.95
음식	434	5.35	128	6.44	76	8.74
가구	443	5.46	38	1.91	20	2.30
유리	61	0.75	15	0.75	9	1.03
하드웨어	573	7.06	74	3.72	36	4.14
기구	358	4.41	38	1.91	20	2.30
피혁	139	1.71	34	1.71	18	2.07
제조업	416	5.13	102	5.13	48	5.52
제약	169	2.08	12	0.60	4	0.46
야금	389	4.80	116	5.84	46	5.29
군수	199	2.45	23	1.16	9	1.03
광업	46	0.57	6	0.30	5	0.57
제지	308	3.80	103	5.18	37	4.25
도기	134	1.65	22	1.11	8	0.92
조선	415	5.12	124	6.24	48	5.52
직물	1,067	13.15	415	20.89	163	18.74
합계	8,112		1,987		870	

자료: Bottomley(2014b), p. 57.

을 지닌다.[22]

이런 지역 간 유사성은 한편으로는 기술과 그 기술을 바탕으로 제조된 상품이 통합도가 높은 시장을 통해 유통되었음을 의미한다. 다른 한편, 잉글랜드에서 출원된 특허가 동일한 내용 혹은 유사한 내용으로 스코틀랜드와 아일랜드에서 출원되었을 가능성을 보여 준다. 물론 스코틀랜드나 아일랜드에서 먼저 출원된 특허가 나중에 잉글랜드에서 출원될 수도 있었지만, 이런 사례는 전자에 비해 훨씬 낮은 비율을 보였다.[23]

4. 구체적 분석

초기의 특허 제도

초기에 특허 제도는 매우 비효율적으로 운영되었다. 1700년 이전에는 정부나 법원에 연줄이 있는 발명가들만이 현실적으로 성공적인 특허 출원을 기대할 수 있었다. 또한 특허 출원을 위한 행정적 절차에 들어서면, 발명가는 런던에 일시적 거주지를 마련하고 각종 행정부서에 의무적으로 출석해야 하는 번거로움을 감수해야 하였다.

이를 위해서는 오랜 시간과 큰 비용을 들여야 하였다. 또한 담당 공

22 Bottomley(2014b), p. 59.
23 Bottomley(2014b), p. 59.

무원들은 전문성을 갖춘 인력이 아니라 정부의 사무를 계약에 따라 위임받은 자에 불과하였다. 잉글랜드에서 특허를 내고자 하는 발명가는 열 단계에 걸친 행정 절차를 거쳐야 하였고, 만일 스코틀랜드와 아일랜드에서도 특허의 효력을 발생시키려면 이보다 두 배나 되는 행정 절차를 통과해야만 하였다.[24] 이런 사정에 근거해서 크리스틴 맥리오드(Christine MacLeod)는 '복잡한 출원 절차'와 '권위적인 공무원들' 때문에 발명가들이 '특허 내기를 꺼린다'고 결론을 내렸다.[25]

이랬던 초기의 특허 제도는 시간이 지나면서 서서히 개선되어 갔다. 비록 많은 동시대 발명가가 기대하였던 것만큼 속도가 빠르지는 않았지만, 여러 차례의 입법과 실제 관행의 개선을 통해 악명 높았던 초기 상태를 벗어나 근대적 속성을 갖추어 갔다. 특히 1760~1770년대부터 이런 변화가 두드러지기 시작하였다. 1830년대에는 증가하는 특허 청원에 발맞추어 다양한 개혁이 추진되었으며, 1840년대와 1850년대에는 보다 본격적인 개혁이 전개되었다.

특허 제도의 운영 방식

영국의 특허 제도는 발명과 혁신을 자극하였는가? 이를 살펴보는 한 방법은 특허 출원의 절차를 면밀하게 고찰하는 것이다. 특허 출원의 과정이 행정적으로 얼마나 까다로웠는가? 시간과 비용이 많이 소요

24 Bottomley(2014a), pp. 36~42.
25 MacLeod(1988), p. 76.

되었는가? 그리고 다른 특허 출원자와의 기술적, 행정적 충돌 위험을 효과적으로 피할 수 있었는가? 이런 질문들에 답을 함으로써 발명가들이 특허를 출원하려는 의지를 지니고 이를 현실화하였을 것인가에 대해 판단해 볼 수 있다.

특허 출원의 과정은 무척 까다로웠다는 것이 일반적 평가다. 잉글랜드에서는 열 단계의 과정을 거쳐야 하였고, 스코틀랜드와 아일랜드에서는 잉글랜드보다 절차가 다소 간략해 각각 여섯 단계와 아홉 단계를 거쳐야 하였다. 세 지역의 절차는 부분적으로는 동일하고 부분적으로는 차이가 있었다. 핵심적 공통점은 법무관이 실질적인 심사를 담당하였다는 점, 런던의 국내 사무부를 거쳐야 하였다는 점, 그리고 국왕의 서명을 받아야 하였다는 점 등이었다. 세 지역 가운데 잉글랜드가 특허 업무의 중심이었음은 분명하다.

세 지역에서 출원된 특허의 수에는 차이가 있었다. 18세기에 잉글랜드에서 2,002건의 특허가 출원된 반면에 스코틀랜드에서는 163건, 아일랜드에서는 62건이 출원되었다. 스코틀랜드와 아일랜드에서 출원된 특허 중에서 각각 87%와 84%가 잉글랜드에서 먼저 출원된 발명이라는 점도 잉글랜드의 중요성을 말해 준다. 스코틀랜드와 아일랜드는 잉글랜드의 특허 행정을 받아들였다고 이해하는 것이 타당해 보인다.[26]

먼저 1760년대까지 특허 제도가 운영된 상황을 살펴보자. 17세기와 18세기의 대부분 기간에는 발명가들이 법원에 특별한 연줄을 갖지 않

26 Bottomley(2014a), p. 41.

고서는 특허 심사 자체를 받기 어려운 경우가 많았다.[27] 정부 기관이나 법무관이 다양한 이유로 심사 업무를 지연시키는 경우도 많았는데, 특히 당시 중상주의적 속성이 강하였던 중앙정부가 세수 확보나 고용 확보 등을 이유로 특허 출원에 반대한 사례가 많이 관찰되었다. 예를 들어, 새 발명품이 그간 재원으로 중요하였던 물품을 대체하리라 판단되면 특허 심사에서 반대가 많았고, 새 발명품이 많은 수의 인력을 고용할 기회를 낳을 것이라는 예측이 있으면 우호적인 분위기가 형성되었다.[28] 이렇듯 당시 특허 제도에는 기술적 요인만이 아니라 정부의 정책적 요인도 매우 중요하게 작용하였다.

넓게 보자면, 당시의 특허 제도는 행정의 역사 전문가인 제럴드 에일머(Gerald Aylmer)가 '구행정 체제'(old administrative system)라고 부른 17~18세기 모습과 유사하였다. 에일머는 그 특징을 다음의 여섯 가지로 요약하였다.[29]

1. 천거, 음서, 관직 매매를 통해 등용
2. 임기는 종신 혹은 자발적 사임 시점까지
3. 관직은 사유재로 취급됨
4. 사무 방식은 파트타임 혹은 부재
5. 정기적 급여가 아닌 수수료와 퇴직금으로 보수 지급

27 MacLeod(1988); MacLeod(1999).
28 Bottomley(2014a), pp. 42~43; MacLeod(1988), pp. 23~24.
29 Aylmer(1980), p. 92.

6. 관직을 개인의 권리 혹은 이해관계로 이해

이런 특징은 영국의 공공 부문 전반에 만연해 있었다. 변화의 움직임은 1770년대에 시작되었다. 1776년 재무부의 조직개혁이 신호탄을 쏘아 올렸다. 이후 약 60년에 걸쳐 공무원 사회는 비록 빠른 속도라고 하기는 어렵지만 지속적으로 개혁을 경험하였다.

그 결과 능력에 의한 등용, 임기의 제한, 개인적 연줄과 매관매직이 아닌 공적 과정을 통한 임용과 업무 수행, 전문성을 갖춘 풀타임 업무 처리, 복무 연차와 성과에 따른 승진, 정기적 급여의 지급 등을 특징으로 하는 근대적인 행정가 집단이 출현하게 되었다. 투철한 사명감을 갖춘 전문가로서의 공무원이 등장함으로써 공직이라는 직업 세계에 가히 혁명적인 변화가 발생한 것이다. 그리고 이런 변화는 특허 업무를 포함한 대부분의 정부 공공 서비스에서 두드러진 변화를 만들어 냈다.

혁신 이전까지, 그리고 상당한 정도는 그 이후에도, 구행정 체제적 특성은 특허 행정에서도 쉽게 발견되었다. 특허 업무 담당자는 전문성이 부족하기 일쑤였다. 수수료를 과다하게 청구하거나, 업무 시간에 자리를 지키지 않거나, 대리인을 시켜 일하거나, 수수료가 많은 업무에 우선순위를 두거나 하는 사례가 수없이 보고되었다.[30] 그러나 이런 문제점에도 불구하고 특허는 점차 많은 기술자와 자본가들이 관심을 기울이는 대상으로 부상하였다. 특히 1820년대부터 특허 청원 건수가 눈에

30 Bottomley(2014a), p. 51.

띄게 늘어난 사실은 이런 대중적 인식의 변화를 잘 말해 준다.

적합성 판정

특허 제도가 실질적으로 유효하게 작동하려면 기술적, 금전적 장벽이 높지 않아야 한다. 영국의 특허 제도가 이런 조건을 충족하고 있었을까? 이와 관련해 정지 요청(caveat)이라는 특허의 적합성 판정 절차와 특허 취득에 드는 비용이 각별한 관심을 끈다. 정지 요청은 기존에 특허를 취득한 자가 현재 심사 중인 신안이 자신의 이해와 상충하는 내용을 담고 있다고 판단하는 경우에 신안 청원자에게 경고장을 발송하는 제도이다. 경고장이 발송되면 기존의 특허 보유자는 자신의 이익이 침해된다는 내용을 청문회에서 밝힘으로써 이의를 공식화하게 된다. 당시에는 특허 청구 과정에서 전문적인 기술적 적합성 평가 절차가 없었으므로, 정지 요청은 이런 적합성을 판정할 공간을 마련해 준다는 의미를 담고 있었다.

〈표 5-3〉은 1838~1847년 기간의 자료를 통해 잉글랜드에서 법관에게 제출된 특허 청원이 어떤 결과로 이어졌는가를 보여 준다. 총 5,993건의 특허 청원이 이루어졌는데, 그 가운데 2,064건이 정지 요청의 대상이 되었고, 1,687건에 대해서 청문회가 열렸다. 정지 요청의 대상이 된 특허 가운데 181건, 즉 8.8%에 대해서는 결국 특허 승인이 거부되었다. 또한 203건, 즉 9.8%에 대해서는 청원 내용에 수정이 가해졌다.[31]

이 통계에 비추어 볼 때, 특허 청원 과정이 단순한 등록 과정에 불

표 5-3 잉글랜드 법관에게 제출된 특허 청원, 1838~1847년

(1) 연도	(2) 청원	(3) 정지 요청	(4) 청문회	(5) 거부	(6) 청원 수정	(7) 청원 승인	(8) 특허 출원
1838	480	154	127	25	38	417	394
1839	526	191	162	15	26	485	411
1840	567	210	157	13	34	520	440
1841	562	172	128	19	12	531	440
1842	524	187	158	11	18	495	371
1843	515	164	133	15	13	487	420
1844	662	222	194	23	15	624	450
1845	774	244	226	13	17	744	572
1846	650	201	179	18	10	622	493
1847	733	319	223	29	20	684	493
합계	5,993	2,064	1,687	181	203	5,609	4,484

자료: Bottomley(2014a), p. 56.

과하다고 본 맥리오드의 주장은 타당하지 않다.[32] 표에 제시된 것처럼 적지 않은 수의 특허 청원이 정지 요청의 대상이 되었고, 그 가운데 일부는 내용이 수정되거나 심지어 신청 자체가 거부되기도 하였다. 따라서 영국에서 정지 요청 제도는 엉터리 내용을 담거나 이미 특허가 출원된 발명과 차별성이 없는 특허의 신청을 효과적으로 차단하는 역할을 상당한 정도 수행하였다고 판단할 수 있다.[33]

31 이런 결과는 1836년 이전에 특허 신청이 거부된 사례가 실질적으로 전무한 미국의 사례와 뚜렷한 대조를 보인다(Sokoloff, 1988, p. 818).

32 MacLeod(1988), p. 41.

33 Bottomley(2014a), pp. 56~57.

특허 출원 비용

특허 제도의 효과와 관련해 관심을 끄는 또 따른 요인은 특허를 청원하여 최종적으로 승인을 얻기까지 소요되는 비용이다. 18세기와 19세기에 발명가나 자본가가 특허를 얻기 위해서는 적지 않은 비용을 감수해야 하였다.

우선 사무변호사는 1908년 기준으로 97파운드의 공식 수수료를 요구하였다. 1846년에는 공식 수수료가 95파운드로 낮아졌지만, 여전히 높은 수준이었다. 여기에 추가 부담이 필요한 경우도 많았다. 특허를 둘 이상의 파트너가 공유하는 형태로 청원하려면 1846년 기준으로 한 명당 18파운드를 더 내야 하였으며, 특허의 효력을 국내만이 아니라 영국의 식민지까지 확장하려면 4파운드를 더 지불해야 하였다. 행정 처리를 빠르게 진행하기 위해서는 일종의 '급행료'로 추가 비용을 부담해야 할 뿐만 아니라 대리인에게 행정 업무를 대행시키기 위해서는 따로 10기니의 수수료를 내야 하였다.

특허 명세서를 준비하는 데에는 특별히 큰 비용이 필요하였다. 평균적으로 20파운드가 필요하였다는 추정이 있는데, 그보다 10배나 비용이 든 사례도 여럿 보고된다. 특허 명세서의 길이, 그리고 그림을 첨부하느냐 여부에 따라 차이가 크게 발생하였다. 이런 여러 비용을 다 합산하면 총비용은 145파운드가량 된다. 구체적으로 1806년과 1846년의 총비용을 현재 가치로 환산하면 각각 약 11만 7,000파운드(한화 1억 9,000만 원)와 약 10만 7,000파운드(한화 1억 7,400만 원)에 달하였다. 이

는 세계적으로 매우 높은 수준에 해당하는 수치였다.[34]

이에 따라 영국의 특허 제도가 높은 비용 장벽 때문에 많은 발명가들에게 현실적으로 유용하지 못하였다는 주장이 제기되곤 하였다. 실제로 1849~1851년의 특허특별위원회(Select Committee on Patents)에 출석한 다수의 증인은 수수료를 낮추는 정책이 필요하다고 주장하였다.

그러나 이와 상반되는 주장도 있었다. 높은 비용 장벽은 엉터리 특허를 마구잡이로 청원하는 것을 막고 기술적, 산업적으로 보호할 가치가 있는 발명만을 특허 제도에 담는 역할을 한다는 것이다. 청원이 된 특허 내용에 대해 정지 요청을 하고 세밀한 조사를 실시하는 조치도 이런 효과를 가져올 수 있다. 그러나 당시의 많은 발명가들과 자본가들은 자신이 보유한 기술이 이 과정에서 유출될 위험성에 대해 큰 우려를 하였다. 이와 같은 우려가 현실적이었다면 비용 장벽이 상대적으로 나은 방어책이었다고 볼 수 있다.[35]

1852년의 특허법개정법은 특허 제도에 대한 접근성에 중대한 변화를 초래하였다. 영국 전역에 단일 특허 제도를 도입하게 되어 잉글랜드, 스코틀랜드, 아일랜드 간의 각종 차이가 모두 사라졌다. 특허 신청비가 통합되고 낮아진 것도 중요한 변화였다. 특허를 신청할 때 25파운드만을 내면 취득할 수 있게 되었고, 3년 후에 50파운드, 7년 후에 100파운드만 내면 그만이었다.

이렇듯 초기 비용이 적게 들고 영국 전역에서 효력을 인정받게 되

34 Bottomley(2014a), pp. 57~58.
35 Bottomley(2014a), p. 57.

었기 때문에, 1853년부터 특허 건수는 대폭 증가할 것으로 기대할 만하였다. 실제로 1851년 455건이었던 특허 건수가 1853년에는 무려 2,187건으로 급증하였다. 이는 1852년 이전에 과도하게 높은 비용으로 인해 특허 신청을 주저한 혁신가가 많았음을 말해 준다.

질적 고려

그러나 이렇게 결론을 내리기 전에 한 가지 더 고려할 사항이 있다. 1852년 이전에 신청된 특허와 해당 시점 이후에 신청된 특허를 질적으로 동일하게 간주할 수 있는가 하는 것이다. 1852년 이전에는 특허가 신청된 후 6개월 이내에 특허 명세서가 제출되지 않은 경우가 5.4%였다. 이는 특허가 충분한 준비 없이 신청되었기 때문에 6개월이 지난 후에 신청자가 특허 신청 절차를 계속할 가치가 없다고 판단하였기 때문이다.

그러나 해당 시점 이후인 1853~1876년 기간의 자료를 보면, 특허 신청 6개월 이내에 특허 명세서가 제출되지 않은 경우가 34%로 대폭 증가하였다. 이 시기는 특허 명세서의 길이와 무관하게 특허 명세서 제출 비용이 5파운드로 낮게 고정된 때였다. 낮은 비용에도 불구하고 6배나 많은 특허가 명세서 제출이 없는 채로 신청 과정이 종결되었다는 사실은 이 시기에 신청된 특허가 1852년 이전에 신청된 특허에 비해 질이 평균적으로 낮았음을 의미한다.

따라서 1852년 이전의 높은 행정 비용이 특허를 목표로 한 혁신 활동을 저해하였다고 보는 것은 부적절하다. 높은 행정 비용이 양질의 발명만을 특허 신청 대상으로 삼게 만드는 효과가 있었기 때문이다. 만일 우리가 가상적으로 1852년 이전에 신청된 특허와 동질의 발명만을 선별할 수 있다면, 1852년 이후에 신청된 특허의 수는 실제보다 크게 줄었을 것이다.[36]

대행업자의 영향

특허 제도가 실질적으로 얼마나 유효하게 작동하였는가를 보기 위해서는 특허 신청을 대신해 주는 대행업자의 역할과 영향에 대해 살펴볼 필요가 있다. 이미 1852년 이전에 많은 수의 대행업자가 활동하였다. 초창기에 활동한 대행업자는 대개 민간 의뢰인을 다양한 방법으로 도와주는 일반 공무원이었다. 의뢰자와 대행업자의 관계는 특허에 관해 기술적 배경을 지닌 사람과 해당 특허의 행정 업무를 담당하는 공무원의 공식적인 파트너십으로 이해할 수 있다. 1850년을 기준으로 보면, 런던의 특허대행업 시장은 43%를 풀앤카프맬(Poole & Carpmael)이 차지하고 있었고, 뒤를 이어 뉴턴사(Newton & Co.)가 24%, 그리고 로버트슨사(Robertson & Co.)가 13%를 담당하였다. 이들 세 기업이 강력한 과점 체제를 유지하는 가운데 20여 개의 특허 대행업체가 추가로 영업을 하고 있었다.[37]

36 Bottomley(2014a), pp. 64~65.
37 Bottomley(2014a), p. 66.

대행업자의 가장 기본적 업무는 발명가들이 특허 청원을 하는 과정에서 도움을 주는 것이었다. 대행업자는 대부분 특허 업무를 담당하는 관청들과 밀접한 연관을 맺고 있었으므로, 이런 업무를 수행하기에 적합하였다. 대행업자를 통하면 의뢰인인 발명가는 개인적으로 여러 관청을 돌아다니며 낯선 행정 업무를 보지 않아도 되었다. 정지 요청에 따른 청문회에 출석해야 하는 것을 제외하고는 실질적으로 모든 일을 대행업자에게 맡길 수 있었다. 즉, 진술서를 작성하고, 대금을 지불하고, 특허 명세서를 작성하고 거기에 확인 서명을 하는 등 거의 모든 행정 절차가 대행업자의 손에 의해 이루어졌다. 의뢰인들, 특히 런던 이외의 지역에 거주하기 때문에 특허 신청을 위해 런던으로 와서 짧지 않은 기간을 머물러야만 하였던 지방 의뢰인들은 대행업자에게 의존하는 게 큰 힘이 되었다. 1840년대 말이 되면 런던에 거주하는 의뢰인들조차도 대행업자에게 모든 업무를 맡기는 것이 보편화되었다.

대행업자의 전문성도 갈수록 높아졌다. 발명의 내용이 특허를 출원할 가치가 있는 것인지, 해당 발명을 새 발명으로 볼 수 있을 것인지, 특허 행정에 어떤 어려움이 예상되는지 등에 대해 기술적이고 상세한 자문을 제공할 수 있게 되었다. 대행업자는 의뢰인을 대신해서 자본가들 및 제조업자들과의 관계를 관리하는 역할도 담당하였다. 자금을 수혈받거나 동업자가 될 기회로 관계가 발전하는 긍정적인 사례도 있었다.[38]

38 Bottomley(2014a), pp. 70~71.

대행업자는 또한 특허를 유럽의 다른 국가들에서도 획득할 수 있도록 국제적 서비스를 제공하였다. 자신들이 구축해 놓은 해외 연결망을 통해 개별 국가의 특허 제도가 요구하는 특수한 조건들을 충족시켜 주는 역할을 담당하였다. 1847년 통계를 보면, 프랑스에서 취득한 특허 중에서 적어도 111건은 이미 영국에서 특허를 취득한 것이었다. 마찬가지로 벨기에에서 출원된 특허 가운데 81건은 이미 영국에서 출원된 것이었다. 해외 특허 출원은 발명가에게 커다란 이익을 안겨 주곤 하였다. 가장 대표적인 사례가 양질의 철강을 저렴한 비용으로 생산하는 전로를 개발한 헨리 베세머(Henry Bessemer)였다. 그는 1856년 스페인에서 전로의 독점 사용권을 제공하는 대가로 5,000파운드라는 거금을 벌어들였다.[39]

마지막으로, 대행업자는 최신 기술에 관한 잡지를 발간하는 책임을 지기도 하였다.[40] 이 잡지들이 중요한 이유는 수많은 특허 명세서를 수록하였기 때문이다. 잠재적 발명가와 투자자들은 관청에 비싼 복사비를 지불하고서 특허 명세서를 얻는 대신에, 이 전문잡지들을 통해서 상세한 내용을 파악할 수 있었다. 공식적인 특허 데이터베이스가 없는 시절에 이 잡지들은 특허의 구체적 내용을 이해할 수 있도록, 그리고 특허가 중복되지 않도록 유용한 정보를 제공하였다.[41]

이상의 논의를 정리하면, 특허 대행업자는 영국에서 특허 제도가

39 Pretel and Saiz(2012), p. 103.

40 주요 잡지로는 *Repertory of Arts*, *London Journal of Arts and Sciences*, *Mechanics' Magazine*, *Practical Mechanics's Journal*, *The Patent Journal* 등이 있었다.

41 Bottomley(2014a), pp. 71~72.

원활하게 작동하는 데 중요한 역할을 하였다. 특허 청원을 준비하는 과정에서부터 특허를 신청하고, 심사를 받고, 최종 승인을 얻는 데까지 거의 모든 단계에서 대행업자는 의뢰인의 수고를 크게 덜어 주었다. 대행업자는 행정가로서의 전문성을 보유하였음은 물론이고, 기술적 전문성을 바탕으로 특허 준비 중인 발명에 대한 평가, 자본가 및 생산업자와의 연결, 해외 특허 취득을 위한 정보와 편의 제공, 잡지 발간을 통한 기술적 세부 사항 전파 등 다양한 역할도 맡았다. 대행업자의 존재 덕분에 의뢰인은 발명과 개선 작업에 주력하고 행정적, 법적 어려움을 피해 갈 수 있었던 것이다.

5. 맺는 글

애로우의 논의

발명 활동을 장려하는 유인으로서 특허를 살펴본 대표적인 학자는 케네스 애로(Kenneth J. Arrow)였다. 그는 두 가지 가정을 제시함으로써 논의를 시작하였다. 첫째 가정은 발명의 초기에 드는 비용이 발명을 이용하려는 후발주자들의 모방 비용에 비해 훨씬 크다는 것이다. 둘째 가정은 발명이 비경합적인 속성을 지녔다는 것이다.

이 두 개의 가정 아래에서는 발명가가 발명 비용을 만회하는 규모의 이득을 얻을 수 없다. 따라서 이런 경제에서는 발명 활동은 사회적으로 최적인 수준보다 적게 이루어지게 된다. 그런데 특허는 특정인의 발명을 다른 사람들이 유용하지 못하도록 강제하는 역할을 하므로, 발명가가 독점적인 이윤을 누릴 수 있게 만든다. 이에 따라 발명이 과소 생산되는 사회적 문제를 해결할 길이 열리게 된다고 애로는 지적하였다.

특허와 비밀주의

특허의 가치는 발명가가 특허권을 지속적으로 보유하는 데에서 발생하는 것만은 아니다. 특허권을 소유한 이가 이를 다른 사람이나 기업에 이전하고 그 대가를 받는 기회가 열려 있다면, 특허의 가치는 이런 기회가 닫혀 있는 경우보다 높아질 것이다.

특허권을 이전하는 방식은 크게 세 가지로 볼 수 있다. 첫째는 특허권 전체를 판매해 버리는 것이다. 둘째는 파트너십 등을 통해 특허권의 일부만을 넘기는 것이다. 그리고 마지막은 특허 출원된 기술을 사용하고자 희망하는 사람에게 특허 사용 라이선스를 제공하는 것이다.

특허는 비밀주의, 즉 법적인 보호 장치에 의존하지 않고 내밀한 기술적 비밀을 간직하는 행위에 비해 기술의 이전이 쉽고 또한 명확하다. 비밀주의에 입각해 기술을 타인에게 넘기는 경우에는 여러 불확실성이 발생한다.

무엇보다도 비밀의 대상이 되는 내용이 무엇인지 명확하게 확인할 수가 없다. 특허의 경우 특허 명세서에 기술의 정확한 내용이 기술되어 있다는 점과 대조를 이루는 부분이다. 소유자가 비밀을 다른 사람에게 추가로 팔지 않겠다는 보장을 받을 길이 없다는 점도 비밀주의가 지닌 한계다. 비밀이 누구로부터 누구에게로 전해지는지 확인하고 통제할 방법이 없다는 말이다. 마지막으로, 비밀주의를 고수하면 외부로부터 투자를 받을 가능성이 낮아진다. 투자자에게 기술의 내용을 자세히 설명할수록 투자를 유치할 가능성이 높아지는데, 비밀주의로서는 특허와 달리 지식재산권의 사적 소유의 이전이라는 방법을 통해 이 문제를 극복할 길이 없다. 이상의 논의를 놓고 볼 때, 특허는 비밀주의에 비해 타인에게 이전이 용이하고 통제 가능하다는 장점을 지녔다고 결론을 내릴 수 있다. 이 분야에 대한 자세한 연구들에 의하면, 비밀주의에 입각한 기술 이전은 의약과 화학과 같이 지극히 국한된 분야에서만 어느 정도 이루어졌던 것으로 보인다.[42]

영국의 특허권 시장 상황

그렇다면 구체적으로 영국에서는 특허권 시장이 얼마나 개방되고 발달해 있었을까? 이에 대해 경제사학자들의 견해는 엇갈린다. 더튼은 법정에서 소송이 이루어진 사례들을 검토하였는데, 1830~1849년 기간에 소송을 당한 특허 가운데 22%가 권리 이양된 것이었다고 밝혔다. 1835~1852년 기간의 다른 소송 기록에서도 권리 이양의 비율이 25%

42 Bottomley(2014a), 제6장.

로 나타났다고 그는 주장하였다. 그러나 더튼의 주장은 비판의 여지를 남기고 있다. 법정에서 다툼을 벌인 사례들은 경제적 가치가 높은 특허의 경우일 가능성이 높으므로, 이들에서 발견되는 권리 이양 비율을 일반화하는 데에는 무리가 따르기 때문이다. 하지만 권리 이양의 사례가 많이 발견된다는 사실은 특허권 시장이 상당히 높은 수준으로 활성화되어 있었을 가능성을 보여 준다는 점은 분명하다.

맥리오드는 영국에서 특허권이 불안정하였다고 보았는데, 이 논리의 연장선상에서 특허권의 이전도 제대로 이루어지지 않았을 것이라고 주장하였다. 특허권을 법원이 충분히 보호해 주지 않았기 때문에, 기업가들이 특허의 유효성을 의심하는 경우가 많았다는 것이다. 따라서 기업가들은 비밀주의에 비해 특허가 나은 면을 별로 찾을 수 없었을 것으로 맥리오드는 분석하였다.[43]

더튼과 맥리오드의 주장 가운데 어느 것이 현실에 더 가까웠을까? 우선 벤 우드크로프트(Ben Woodcroft)의 특허 목록을 살펴보자.[44] 특허를 출원할 때 청원자는 통상적으로 자신의 직업을 밝히게 되어 있었다. 우드크로프트의 특허 목록에는 청원자의 직업이 특허의 내용과 연결되지 않은 사례가 많이 보인다. 예를 들어, 1790년부터 1830년까지 기간에 섬유산업 부문의 특허 가운데 절반가량만이 섬유산업 종사자에 의해 취득되었다. 특허권자들이 섬유산업에 종사하지 않으면서 특허를 보유하였다는 사실은 특허권 거래가 활발하게 이루어졌다는 사실을 방증한

43 MacLeod, Tann, Andrew, and Stein(2003).
44 Woodcroft(1855).

다고 볼 수 있다.

근래의 연구들은 더튼의 주장이 맥리오드의 주장보다 현실에 더 가까웠을 것이라고 인정하는 경향을 보인다. 예를 들어, 특허에 관한 권리 이양이나 라이선스 설정에 대해 법적인 제약이 거의 없었다고 한다. 특허권자는 권리 이양 혹은 라이선스에 대한 보답으로 어떤 형태의 대가이든 당사자 간의 협상을 통해 결정할 수 있었다. 또한 라이선스를 제공할 때 특정인이 특허를 독점적으로 사용하도록 배타적으로 라이선스를 부여할 수 있었다. 배타적 라이선스를 제공하되 지역을 한정하는 것도 가능하였다. 파트너십도 특허와 관련해 자주 사용된 사업 형태였다. 발명에 대해 기술적 전문성을 가진 특허권자를 자본가나 제조업자와 연결해 주는 가장 일반적인 방식이 파트너십이었다. 그리고 파트너십은 당사자들 간의 계약에 따라 자유롭게 내용을 구성할 수 있었기 때문에 여러모로 편리하였다.

이를 종합해 보면, 권리 이양과 라이선스에 대해 당시의 법은 허용의 폭을 넓게 유지하였기 때문에 특허권자와 이해 당사자들은 기술적 특성과 사업적 필요성에 따라 다양한 방식으로 조정이 가능하였다. 법이 특허권의 거래를 막는 경우는 매우 드물었고 특허권자 및 이해 당사자들에게 적절한 보호를 제공한 사례가 훨씬 많았다는 것이 연구자들의 종합적 평가다.[45]

45 Bottomley(2014a), pp. 216~218.

결론

경제 발전은 기술 진보와 관련이 깊고, 기술 진보는 관련 제도가 얼마나 잘 갖추어 있느냐와 밀접하게 연관되어 있다. 특허는 이런 제도 중에서 대표적이다. 지식재산권의 설정과 활용이 얼마나 원활하였느냐가 제도의 역할을 잘 보여 주는 사례이기 때문이다. 영국의 산업혁명 연구자들이 특허 제도에 대해 깊은 관심을 보인 이유가 여기에 있었다.

그간의 연구는 크게 갈라져 있었다. 한편에는 특허 제도가 불비하고 현실적 불편함이 커서 기술 진보에 별 영향을 주지 못하였다는 주장이 있다. 다른 한편에는 특허 제도가 상당히 널리 사용되었고 실제로 효용성을 발견한 사람도 많았다는 주장이 있다. 두 주장이 팽팽한 호각세를 유지하였다는 사실은 중요한 시사점을 제공한다. 비록 특허가 미미한 역할만을 하였다고 확정하기는 어렵지만, 특허의 긴 역사에도 불구하고 산업혁명 시기 영국의 기술 진보와 경제 발전에 특허가 끼친 공헌은 대다수 경제사학자가 인정할 만한 수준에는 이르지 못한 것으로 판단할 수 있다. 특허를 기술의 시대를 연 제도적 원동력으로 보기에는 미흡하다는 의미다.

꽤나 균형을 이루었던 이 논쟁이 최근에는 후자 쪽으로 기울고 있다. 특허는 발명가, 기업가, 투자자의 깊은 관심을 받았고, 공식화된 제도는 아니더라도 현실적 유용성을 제공해 주는 여러 관행을 통해 이들에게 도움을 주었다는 것이 최근 연구가 보여 주는 방향이다. 이런 변화를 놓고 보자면, 영국 역사에서 특허 제도가 끼친 영향은 저속이지만 지속적이었다고 판단할 수 있을 것이다.

6

제6장 기술혁명

영국이 최초의 산업국이 된 이유는?

1. 머리글

끊이지 않는 논의

영국 산업혁명에 관한 연구와 논쟁은 끊임없이 이어지고 있다. 특히, 왜 영국에서 세계 최초로 산업혁명이 일어나게 되었는가에 관해서 수많은 논의가 계속되고 있다. 이 장에서는 우선 이 주제에 관한 연구 동향과 주장들을 설명한 후, 이들을 둘러싼 구체적 논쟁 과정을 검토하고, 마지막으로 이들이 경제사 연구에 던져 주는 함의에 대해 살펴보고자 한다.

구체적으로는, 먼저 산업혁명의 의의와 기술 진보의 역할에 관해 개략적인 논의를 한다. 다음으로 산업혁명 시기에 영국이 혁신에서 다른 국가들에 앞선 이유에 대한 여러 주장을 검토한다. 특히 '영국 예외주의'(British Exceptionalism)의 관점을 취하는 연구들, 생산 요소의 상대 가격에 초점을 맞추는 연구들, 산업계몽주의의 역할에 주목하는 연구들을 대상으로 삼는다. 이를 통해 본 연구는 산업혁명의 본질이 무엇이며, 산업혁명의 핵심적 부분으로 지적되는 기술 진보가 영국에서 가장 두드러지게 발생한 이유가 무엇인지 되짚어 보고자 한다.

산업혁명의 중요성

인류의 장구한 역사 가운데 산업혁명이 극히 중요한 사건으로 강조되는 이유는 무엇보다도 산업혁명이 인류의 생활 수준에 중대한 변화를 초래하였기 때문이다. 산업혁명 이전에도 일인당 소득이 상당한 수준으로 증가한 때가 있었다. 하지만 이런 소득 증가는 출생률이 늘고 사망률이 낮아져 인구가 증가함에 따라 머지않아 상쇄되어 버리곤 하였다. 결국 경제는 '맬서스 함정'(Malthusian trap)에 다시 갇히게 되고, 일인당 소득은 장기적으로 일정한 수준에 수렴하는 경향을 보였다.

이와 대조적으로 산업혁명으로 시작된 '대분기'(Great Divergence) 시대에는 일인당 소득이 지속적인 증가세를 기록하였다.[1] 그리고 이 증가는 과거와 달리 인구의 지속적 증가와 동시적으로 발생하였다. 1750~1800년과 1800~1850년 기간에 잉글랜드의 인구증가율은 각각 50%와 92%로 서유럽에서 가장 높았다.[2] 인구 증가와 일인당 소득 증대가 동시적으로 발생하였다는 점, 즉 경제가 역사상 처음으로 맬서스 함정에서 벗어나 지속적인 성장을 하게 되었다는 점에 산업혁명의 역사적 중요성이 있다.[3]

---

1 맬서스 함정에 관해서는 Clark(2009[1994]), 대분기에 관해서는 Pomeranz(2000).

2 두 시기에 서유럽 전체의 인구증가율은 각각 17%와 35%였다(Hinde, 2003, p. 183).

3 그레고리 클라크(G. Clark)는 중세부터 현대에 이르는 기간의 인구와 실질임금의 관계를 추적하고, 산업혁명 시기를 기점으로 장기 추세가 변화하였다고 밝혔다(Clark, 2005).

국가 간 비교

산업혁명은 영국에서 처음 시작된 후 시차를 두고 다른 국가들로 전파되었다. 영국과 다른 국가들을 산업혁명 전후 시기를 포함한 약 4세기 동안의 시간적 변화를 통해 비교해 보자. 〈표 6-1〉은 유럽 주요 국가들을 중심으로 1500년경에서 1870년 사이의 다섯 시점에 대해 측정한 일인당 GDP를 보여 준다. 1820년 영국 수치를 100으로 놓고 계산한 값이다.[4]

표 6-1 국가 간 일인당 GDP 비교, 1500년경~1870년

국가	1500년경	1700년경	1750년경	1820년	1870년
영국	57	73	87	100	187
네덜란드	67	109	109	107	162
벨기에	58	69	76	77	158
프랑스	–	–	–	72	110
이탈리아	83	71	76	65	58
스페인	63	61	58	62	71
스웨덴	64	66	67	70	97
폴란드	50~54	38~42	34~37	41	55
러시아	–	–	–	40	55
튀르키예	–	35	38	40	52

주: 영국 1820=100.

자료: Broadberry and O'Rourke(2010), p. 2.

4 Broadberry and O'Rourke(2010), p. 2.

1500년경을 기준으로 보면, 영국은 유럽의 다른 국가들에 비해 소득 수준이 낮은 편에 속하였다. 그러나 1700년경이 되면 영국의 상대적 상황이 호전되었다. 네덜란드를 제외한 다른 국가들보다 영국이 높은 소득 수준을 기록하였다. 1750년경과 1820년에는 1700년경과 비교할 때 순위의 변동을 보이지 않았다. 그러나 영국의 상대적 소득 수준이 지속적으로 높아졌음을 확인할 수 있다. 1870년이 되면 영국이 소득 1위를 차지하였다. 네덜란드, 벨기에, 프랑스가 뒤를 이었고, 나머지 국가들은 상당한 격차를 보였다.

이 표에서 나타나듯이 1500년경 영국은 유럽의 변방에 지나지 않는 위상이었지만 경제적 지위가 장기적으로 향상되었고, 특히 산업혁명 기간을 거치면서 다른 국가들을 압도하기에 이르렀다. 19세기 후반이 되면 후발 공업화에서 앞선 벨기에와 프랑스의 성과도 나타났다.

2. 산업혁명 기간의 기술 혁신

경제 성장의 요인들

영국이 산업혁명을 거치는 기간에 경제 성장을 초래한 요인이 무엇이었는지 구체적으로 살펴보자. '성장회계'(growth accounting) 방법을 통해 경제 성장에 대한 각 생산 요소의 상대적 기여도를 확인할 수 있

표 6-2 영국의 성장회계, 1700~1860년

기간	△Y/L	△K/L	△T/L	△TFP
1700~1760	0.32	0.32	−0.08	0.22
1760~1800	0.33	0.16	−0.33	0.33
1800~1830	0.28	0.36	−1.25	0.34
1830~1860	0.96	1.10	−1.25	0.76

주: 1) *△Y/L*: 노동 대비 산출 증가율, *△K/L*: 노동 대비 자본 증가율, *△T/L*: 노동 대비 토지 증가율, *△TFP*: 총요소생산성 증가율.
2) 1800년 이전의 노동증가율은 인구증가율과 동일하다고 가정.
3) 토지, 노동, 자본의 산출탄력성은 각각 0.15, 0.50, 0.35로 가정.
자료: A'Hearn(2014), p. 6.

다.[5] 〈표 6-2〉는 1700~1860년 기간에 영국의 성장회계 추계 결과를 보여 준다.

이에 따르면, 노동 대비 산출 증가율, 노동 대비 자본 증가율, 그리고 총요소생산성 증가율이 1700~1830년 동안 대체로 일정한 비율로 증가하다가 1830년 이후 급증하는 추세를 보였다. 이와 대조적으로 노동 대비 토지 증가율은 1700~1830년 기간에 지속적인 감소세를 기록하였고, 1830년 이후에도 감소가 지속되었다.

특별히 시선을 끄는 점은 총요소생산성 증가율이 1830~1860년에 급증하였다는 사실이다. 다소의 불확실성은 있지만 총요소생산성 증가의 상당 부분은 기술 진보에 의해 이루어진 것이라고 이해할 수 있다.[6] 노동 대비 자본, 즉 자본장비율과 별도로 총요소생산성이 이 시기에 대

5 Hulton(2010), 제23장.
6 A'Hearn(2014), pp. 1~52. 기술 진보의 지표로서 총요소생산성에 관해서는 Corrado and Hulton(2010), pp. 99~104.

폭 증가하였다는 것은 영국 경제가 기술 진보를 이룰 조건을 잘 갖추고 있었다는 뜻이 된다.

총요소생산성에 대한 추계 결과는 학자마다 다르다. 그러나 1830~1860년 기간이 이전 기간에 비해 증가세를 나타냈다는 연구가 많다. 예를 들어, 크래프츠(N. F. R. Crafts)는 1801~1830년에 연평균 0.7% 증가를 보였던 총요소생산성이 1831~1860년에는 연평균 1.0% 증가하였다고 추정하였다. 크래프츠와 할리(C. K. Harley)가 발표한 수정치는 같은 기간에 총요소생산성이 각각 0.35%와 0.8%였다.[7] 그간의 많은 연구는 19세기 중반에 총요소생산성이 대체로 높은 수준이었음을 보여 준다.[8] 이 결과는 산업혁명 시기 경제 성장이 주로 생산 요소의 증가에 기인한다고 보는 주장들을 반박할 근거가 된다.

발명 연표

영국 산업혁명의 가장 큰 특징이 기술 진보에 있다는 주장은 오늘날에도 폭넓은 지지를 얻고 있다.[9] 당시에 이루어진 대표적인 발명의 연표를 살펴보면 기술 진보의 범위와 속도를 가늠하는 데 도움이 된다. 2013년 영국 언론 〈더 텔레그래프〉(*The Telegraph*)는 영국 역사상 가장 중요한

7 Crafts(1985); Crafts and Harley(2004), 'Output growth'.

8 크래프츠는 1780~1831년에 0.20, 1831~1873년에 0.35라고 추계하였다(Crafts, 1995). 한편, Feinstein과 Antras and Voth는 1831~1860년의 총요소생산성 증가율이 1801~1830년에 비해 낮아졌다고 추계하였다(Feinstein, 1981; Antras and Voth, 2003).

9 대표적으로 Mokyr(1990a); Mokyr(2009b).

발명품 50개를 선정하였다. 선정 기준과 객관성이 학술적 엄밀성을 충족하는가에 대해서는 다소의 의문을 제기할 수 있지만, 많은 학자가 제시하는 핵심적 발명품의 명단과 크게 다르지는 않다. 그렇기 때문에 이 명단은 우리가 자세히 들여다볼 가치가 있다. 그중에서 1750~1860년 기간에 이루어진 발명은 〈표 6-3〉과 같다.

선정된 총 22점의 발명품이 표에 수록되어 있다. 전체 기간의 44%나 되는 발명품이 산업혁명 기간에 나왔다는 사실은 산업혁명 시기에 발명의 흐름이 얼마나 강하였나를 말해 준다. 증기기관과 방적기처럼 산업혁명에 핵심적 역할을 하였다고 널리 인정되는 발명품은 당연히 이 목록에 포함되지만, 그런 산업 부문과 거리가 있는 발명품도 상당수가 포함되어 있다.[10] 한 사회에서 발명의 움직임이 전반적으로 강해지면 기간산업 및 산업 연관 효과가 큰 산업은 물론이고 독립적인 산업들에서도 발명 활동이 활발하게 이루어지는 경향이 강하다는 점을 여실히 보여 준다. 또한 이런 혁신을 통해 사람들의 의식주와 건강, 의료 등에서도 광범위한 개선이 이루어지고 이런 개선이 향후 혁신을 다시 자극하게 되는 선순환의 구조가 만들어진다고 해석할 여지도 있다.

10 칫솔, 소다수, 통조림, 초콜릿 바, 피하주사기 등이 이에 해당한다.

표 6-3 영국의 역사적 발명품 22선, 1760~1860년

발명품	발명가	연도
해상 정밀시계(marine chronometer)	John Harrison	1761
방적기(spinning frame)	Richard Arkwright	1768
칫솔(toothbrush)	William Addis	1770
소다수(soda water)	Joseph Priestlley	1772
수압기(hydraulic press)	Joseph Bramah	1795
증기기관(steam engine)	Richard Trevithick	1801
글라이더(glider)	George Cayley	1804
텐션 스포크트 휠(tension-spoked wheel)	George Cayley	1808
통조림(tin can)	Peter Durand	1810
근대적 소화기(modern fire extinguisher)	George W. Manby	1818
전기 모터(electric motor)	Michael Faraday	1821
방수재(waterproof material)	Charles Macintosh	1823
시멘트(cement)	Joseph Aspdin	1824
여객 철도(passenger railway)	George Stevenson	1825
잔디 깎는 기계(lawnmower)	Edwin B. Budding	1827
사진술(photography)	William H. F. Talbot	1835
전기식 전신(electric telegraph)	Charles Wheatstone, William Cookie	1837
초콜릿 바(chocolate bar)	J. S. Pry & Sons	1847
피하주사기(hypodermic syringe)	Alexander Wood	1853
합성염료(synthetic dye)	William Perkin	1856
베세머 공정(Bessemer process)	Henry Bessemer	1856
리놀륨(linoleum)	Frederick Walton	1860

자료: *The Telegraph*, 2013년 1월 8일.

3. 기술 진보의 성공 요인

영국 예외주의

영국이 산업혁명에서 우위에 서게 된 이유를 어떻게 설명할 수 있을까? 경제사학자들은 그간 수많은 요인을 지적하고 논의해 왔다. 우선 경제적 요인들에 대한 탐구가 많이 진행되었다.[11]

명예혁명을 성공적으로 완수한 이후 시민의 재산권을 보호하는 제도가 탄탄하게 갖추어졌기 때문이라는 주장, 석탄, 밀 등 각종 천연자원의 부존이 풍부하였기 때문이라는 주장, 조세 및 금융 제도가 상공업자층에 유리하였다는 주장, 국제 무역에 적극적인 상인 계층이 폭넓게 존재하였다는 주장이 있다. 중상주의 시절 군사적 우위를 확보해 해상 교역로를 장악할 수 있었다는 주장, 많은 식민지를 확보해 항해법과 같은 보호무역주의 정책의 이익을 크게 누릴 수 있었다는 주장, 투자율이 경쟁국들에 비해 높았다는 주장도 있다. 사회 활동에 종교적 장벽이 높지 않았다는 주장, 도제 제도가 효과적으로 유지되어 숙련 기술자가 원활하게 재공급되었다는 주장, 장자상속제가 상류층의 장남 이외의 자제들이 금융과 교육에 뛰어들게 하였다는 주장도 눈길을 끌었다.[12]

그런데 이런 접근들은 설명력이 충분하지 않다. 이들 가운데 어떤

11 송병건(2016); 송병건(2019).
12 이 요인들에 대한 개괄적 논의로는 송병건(2008a), 제12장.

요인도 기술 변화에 의지하지 않고서는 독립적으로 근대적 경제 성장을 제대로 설명할 수 없다. 영국 사회가 지닌 특정한 속성이 기술 진보를 유발하는 것이 아니었다면 우리가 그에 크게 주목할 필요는 없다고 볼 수 있다. 만일 기술이 산업혁명의 심장이라면 왜 이것이 이전에 비해 산업혁명 시기에 가속화되었고, 다른 국가들보다 영국에서 더 빠르고 대규모로 전파되었을까?[13]

창조적 파괴

기술 진보의 핵심은 '혁신'(innovation)이다. 혁신에 대해 학문적 관심을 본격적으로 기울인 선구적 학자로 조지프 슘페터(Joseph A. Schumpeter)를 꼽을 수 있다. 그는 기업의 본질을 논의하면서 자본가나 노동자가 아니라 기업가가 기업 활동의 가장 핵심적 주체이며, 기업 활동의 가장 중요한 내용이 '창조적 파괴'(creative destruction), 즉 혁신이라고 주장하였다.[14]

혁신이란 사업의 기획에서 출발해 원료의 공급, 노동의 고용, 자본의 조달, 상품의 생산, 시장의 개척 등 기업 활동의 전 부문을 대상으로 과거의 방식을 버리고 더 높은 생산성을 가져오는 방식을 창조해 내는 과정이다.

13 Voigtlander and Voth(2006).
14 Schumpeter(1994[1942]), pp. 82~83.

거시 발명과 미시 개량

일반적으로 기술 혁신이 산업혁명을 성공적으로 이끈 원동력이었다고 널리 평가된다. 모키어의 정의에 따르면, 산업혁명이란 다수의 '거시 발명'(macro-invention)이 짧은 기간에 집중적으로 발생한 현상을 말한다. 그가 거시 발명이라고 부른 것은 경제의 다른 부문들에 미친 영향이 지대해서 수많은 '미시 개량'(micro-improvement)을 이끌어 내는 종류의 기술 혁신을 말한다.[15] 다수의 거시 발명이 상호 작용을 하면서, 그리고 뒤를 이어 발생하는 다양한 미시 개량을 통해, 경제 전면에 광범위한 충격을 준 과정이 산업혁명이라는 것이다.

거시 발명에 속하는 혁신이 구체적으로 무엇인가에 관해서 모키어와 다른 학자들이 모두 의견의 일치를 보이지는 않는다. 대체로 의견이 모이는 거시 발명으로는 증기기관, 방적기, 염소표백제 등을 들 수 있다.[16] 이런 다소간의 차이에도 불구하고 거시 발명과 미시 개량의 구분과 상호 작용은 기술사의 핵심적 분석 틀로서 널리 받아들여지고 있다.

기술 진보에 초점을 맞추어도 영국의 우위를 설명하는 요인에 대한 학자들의 견해는 다양하다. 이 점 역시 영국이 이룬 성취의 열쇠를 '영국 예외주의'의 관점에서 보았다는 데에서 이유를 찾을 수 있다. 영국에서만 독특하게 나타났던 역사적, 제도적 특성들을 추출해 내고 이들을 기술 진보의 핵심적 성공 요인으로 연결 짓는 방식은 해석이 편

15 Mokyr(1990b); Mokyr(2005).
16 Mokyr(1990b), pp. 295~311.

향될 위험을 내포한다.[17] 과연 논의된 특성이 없었더라면 산업혁명 시기에 기술 진보가 발발하거나 심각하게 지연되었을 것으로 단정할 수 있을까? 이런 특성을 갖지 못한 국가들은 기술 진보에 기초한 경제 발전을 성공적으로 이끌 길이 없었을까? 이런 질문들은 오늘날에도 여전히 유효하다.[18]

필수 요건과 대체 가능성

이 문제는 경제 발전에 필수적인 요건이 있는지, 아니면 '대체 가능성'을 인정할 수 있는지라는 중요한 논점을 우리에게 제시한다. 과연 일찍이 월트 로스토(W. W. Rostow)가 주장하였던 것처럼 전통 사회가 도약을 위한 '특정한' 종류의 준비를 마쳐야만 경제 발전의 가도에 성공적으로 진입할 수 있는 것인지, 아니면 알렉산더 거셴크론(Alexander Gerschenkron)이 지적한 것처럼 부족한 선행 조건을 해당 국가 특유의 방식으로 대체하는 방안을 찾음으로써 경제 발전의 대안적 경로를 마련할 수 있는지가 핵심적 질문이다.[19]

20세기 후반 중국의 비약적 경제 발전은 거셴크론의 주장을 지지하는 듯하다. 이와 달리 이른바 '워싱턴 컨센서스'(Washington Consensus) 그룹의 학자들은 경제 발전에 일종의 '모범 답안'이 있다는 입장을 견지

17 영국 예외주의의 약점에 관해서는 양동휴(2014) 참조.
18 de la Escosura, ed.(2004); MacLeod(2007).
19 Rostow(1959); Gerschenkron(1962).

하고 있다.[20]

영국의 산업혁명에 초점을 맞춘다면, 과연 영국의 경제 발전 성공 요인은 영국에 특유한 것이었던가? 이에 대해 만장일치의 동의를 얻을 수는 없지만, 오늘날 대다수의 학자가 영국 예외주의를 벗어나 국제적 비교가 가능한 방식의 분석과 그에 기초한 일반화된 설명을 선호하고 있음은 부인하기 어렵다. 일반화된 설명이 가능하다고 보는 학자들이 가장 주목하는 주제는 생산 요소의 상대 가격이다. 거시 발명-미시 개량의 분석 틀을 염두에 두고서 이를 자세히 살펴보자.

장기 파동

거시 발명과 미시 개량이 어떻게 발생하는가에는 여러 견해가 있다. 경기의 장기 파동이론을 주장한 니콜라이 콘드라티에프(N. Kondratieff)는 거시 발명의 주기를 50~60년으로 보았다. 그의 설명에 비추어 거시 발명과 미시 개량을 이해해 보자.

우선 거시 발명은 본질적으로 외생적 충격으로서 등장하게 되고, 장기 경기 순환을 상승 국면으로 이끄는 역할을 한다. 그리고 이어서 발생하는 수많은 미시 개량이 경기를 더욱 끌어올리는 역할을 한다. 거시 발명의 효과가 대부분 소멸해 일부 미시 개량만 남는 상태가 되면 경기는 둔화하기 시작해 곧 하락 국면으로 접어든다. 하락 추세는 계속되다

20 World Bank(2005); Trinidad(2006); Rodrik(2008).

가 새로운 거시 발명이 외생적으로 발생하는 시점이 되어서야 상승 반전의 기회를 맞는다.[21]

콘드라티에프 장기 파동이론은 일견 주요 기술 변화와 경기 변동의 장기적 추이 간의 관계를 잘 설명하는 것 같다. 그러나 그가 외생적이라고 본 거시 발명이 어떻게 주기적으로 발생하게 되는가에 대해서는 아무런 설명을 할 수 없다. 이런 단점 때문에 콘드라티에프 장기 파동이론에 대해 경제사학자들은 높은 평가를 주기 꺼려 왔다.[22]

석탄과 노동

로버트 앨런(R. C. Allen)은 다른 방식으로 거시 발명과 미시 개량을 설명하였다. 그는 생산 요소의 상대 가격에 주목해 거시 발명과 미시 개량이 작동하는 기제를 제시하였다. 영국이 다른 국가들에 앞서서 여러 중요한 기술 혁신을 이룰 수 있었던 경제학적 이유를 앨런은 이 관점에서 분석하고자 하였다.

그에 따르면, 산업혁명 시기 영국 경제는 높은 임금 수준과 낮은 석탄 가격이라는 특징을 보이고 있었다.[23] 앨런은 임금 수준의 국제적 비교를 위해 1425~1825년 기간 런던의 임금 수준을 암스테르담, 빈, 피렌체 등 유럽 도시들의 임금 수준, 그리고 델리, 베이징 등 아시아 도

21 Kodratieff and Stolper(1935), pp. 105~115.
22 Tylrcote(1991); Barnett(1998).
23 Allen(2009); Allen(2015). 또한 Clark and Jacks(2007).

시들의 임금 수준과 비교하였다. 15세기에는 세계 대부분 도시에서 임금 수준이 비슷하였지만, 16세기 후반부터 임금 격차가 확대되었고, 런던은 암스테르담과 더불어 다른 도시들을 크게 앞질렀다. 18세기 말부터 영국의 고임금 추세는 더욱 강화되었다. 산업혁명이 시작된 시점에서 영국은 다른 국가들과 비교할 때 고임금 경제의 특징을 가장 뚜렷하게 보여 주었다.[24]

에너지원의 가격 추이도 앨런이 분석한 주요 대상이었다. 그는 잉글랜드 중부 지방의 자료를 이용해 석탄 가격을 목탄 가격과 비교하였다. 16세기 이래 석탄은 목탄보다 낮은 가격을 유지한 것으로 나타났다. 특히 17세기 후반부터 목탄 가격이 지속적으로 상승세를 보인 것과 대조적으로 석탄 가격은 계속 낮은 수준으로 유지되었다. 다른 여러 국가에서 관찰된 바와 마찬가지로 영국에서도 17세기 후반부터 삼림자원의 부족이 현실화되었는데, 이런 상황에서 영국은 저렴한 방법으로 채굴할 수 있는 에너지원인 석탄이 다량 존재한다는 지질학적 장점을 보유하였던 것이다.[25]

높은 임금과 낮은 석탄 가격이 특징인 경제가 추구해야 할 기술 혁신의 방향은 분명하였다. 노동절약적인 기술 진보, 특히 가격이 저렴한 석탄을 집중적으로 사용하게 만드는 기술 혁신이 주목을 받았다. 이것이 증기기관과 이를 도입한 기계들이 영국에서 특별하게 각광을 받은

24 Allen(2009), p. 34. 인도와 영국 면직공의 임금과 원면 가격을 분석한 연구도 유사한 결과를 보여 주었다(Broadberry and Gupta, 2008, pp. 288~291).

25 Allen(2009), p. 95.

이유였다. 영국과 달리 저임금 경제 구조를 지닌 국가들에서는 이런 유인이 존재하지 않았으므로, 발명을 위한 노력이 제한되고 발명이 이루어져도 기술이 널리 확산되기 어려웠다. 이렇듯 영국이 산업혁명 시기에 눈부신 기술 진보를 이룬 데에는 생산 요소의 상대 가격 조건이라는 요인이 중요하게 작용하였다는 게 앨런의 설명이다.

한계점

앨런으로 대표되는 상대 가격 설명은 많은 학자로부터 호응을 얻었다. 무엇보다도 영국 예외주의에서 벗어나 국제적인 비교를 할 기반을 마련하였다는 점에서 긍정적 평가를 받았다. 그러나 앨런의 주장에는 해결하기 힘든 근본적인 문제가 내재해 있다. 왜 영국 이후 다른 유럽 국가들이 큰 시차를 두지 않고 점차 공업화 대열에 합류하게 되었나를 설명하기 어렵다는 점이다.

후발 공업국들에서 단기간에 영국과 같은 고임금 경제가 형성되기는 어려웠을 것이다. 또한 석탄과 같은 부존 자원은 대규모 무역이 국가 간에 이동시키지 않는 한 대폭적인 가격 변화가 발생하였을 것이라 보기 어렵다. 상대 가격에 입각한 앨런의 설명은 이런 면에서 설명력이 제한적이다.

포머란츠의 재조명

케네스 포머란츠(Kenneth Pomeranz)가 '대분기' 논의를 통해 제시한 주장도 이 측면에서 재고할 필요가 있다.[26] 영국이 최초로 산업혁명에 성공한 이유로 포머란츠는 영국에 석탄의 매장이 풍부하였다는 점과 영국이 국제 무역의 주도권을 쥐고 있었다는 점을 들었다. 맬서스 함정, 즉 인구 증가가 주위 환경에 미치는 압박이 초래하는 경제 정체를 벗어나기 위해서는 생태계에 영향을 적게 미치는 새로운 에너지원의 확보가 중요한데, 이를 석탄 사용과 원료 수입으로 해결할 수 있었다는 것이 그의 주장이다.

이 주장 역시 당시 경제 대국이었던 중국을 따돌리고 영국이 산업혁명을 주도할 수 있었던 이유에 대한 설명으로는 가치가 높지만, 어떻게 영국을 뒤따라 유럽의 여러 국가가 공업화에 들어설 수 있었는가에 대해서는 설명력이 부족하다. 석탄 매장이 많지 않았던 국가들도 공업국으로 전환할 수 있었다면, 이것이 목탄이나 수력과 같은 대체 연료를 사용한 결과이든, 석탄을 수입해 사용한 결과이든, 에너지를 적게 사용하는 산업 중심으로 성장한 결과이든 상관없이, 포머란츠의 연구 결과를 확장해 일반화하기 어렵다는 문제가 발생하는 것이다.[27]

26 Pomeranz(2001).
27 2002년 *Journal of Asian Studies*에 실린 특집 논문들을 참조.

다시 보는 산업계몽주의

세계적으로 비교할 때 영국만이 산업혁명에 유리하였던 것이 아니라 서구의 여러 국가가 유리한 요소를 공유하였다면, 이 요소는 무엇이었을까? 18세기부터 유럽 전역에 본격적으로 확산한 사상적 조류인 계몽주의가 관심을 끈다. 계몽주의가 경제 발전에 끼친 영향에 대한 관심은 최근에 크게 증가하였다.[28] 특히 모키어가 산업계몽주의라는 용어를 설득력 있게 사용하면서 많은 학자가 관심을 본격적으로 기울이게 되었다.[29]

산업계몽주의자들은 새로 축적한 과학과 지식을 인류의 후생 증대를 위해 누구나 사용하도록 개방된 일종의 공공재라고 여기는 경향이 강하였다. 실제로 영국 과학자들과 발명가들은 외국에서 이룬 과학 기술의 성과를 획득하는 데 큰 어려움을 겪지 않았던 것처럼 보인다. 특히 특허 제도가 완비되지 않았던 산업혁명 초기에는 이런 개방성이 더욱 뚜렷하였다.[30]

집단지성의 성과

유럽의 개별 국가에서 이룩된 혁신은 해당 국가만의 성과가 아니

28 Golinski(1992); Fox(2009); 송병건(2018), 제2장; MacLeod(2004).
29 이 책 제3장 참조.
30 Mokyr(2009b); 이 책 제5장; Bottomley(2014a).

라 범유럽적인 집단지성의 성과라고 보는 게 타당하다. 증기기관의 기술 발달사를 사례로 살펴보자. 17세기부터 이탈리아의 갈릴레이와 토리첼리(E. Torricelli), 네덜란드의 하위헌스(C. Huygens)와 독일의 게리케(O. von Guericke)가 이론적 토대를 닦았다. 그리고 하위헌스의 조수였던 프랑스인 파팽(D. Papin)은 영국으로 건너가 영국인 보일(R. Boyle)과 함께 공기펌프를 개발하였고, 이어서 대기압을 이용해 피스톤을 작동하는 증기기관을 개발하였다. 전기산업의 발달도 마찬가지다. 이탈리아의 갈바니(L. Galvani)와 볼타(A. Volta), 영국의 데이비(H. Davy)와 패러데이(M. Faraday), 프랑스의 앙페르(A.-M. Ampere), 덴마크의 외르스테드(H. C. Ørsted), 독일의 옴(G. Ohm) 등의 연구가 국경을 넘어 축적되고 응용되었다.[31]

산업계몽주의적 관점에 따르면, 과학이 응용 과정을 거쳐 기술로 만들어지게 된다는 관념도 비판의 대상이 된다. 제임스 와트의 증기기관이 순수 기초과학의 성과에 의존한 바는 제한적이었고, 오히려 증기기관의 개발과 확산이 열역학이라는 과학의 발전으로 이어졌다. 이런 예는 영국의 산업혁명에서 많이 발견된다. 따라서 과학자에 비해 기술자, 특히 실제 생산 과정에서 작업을 하는 숙련공에 대해 상대적으로 낮게 평가하던 관행을 되돌아보아야 한다는 주장이 나온다. 그리고 기술자와 숙련공은 어떤 채널을 통해 새로운 기술에 대한 정보를 습득하고 상호 교류를 하였는가에 주목해야 한다고 강조된다.

31 Persson and Sharp(2015), pp. 185~186, 192.

4. 슈퍼스타, 트위커, 임플리멘터

기술 진보의 양상

이렇듯 산업계몽주의적 접근은 유럽 전체의 공업화를 설명하는 데 장점이 있을 뿐만 아니라, 그중에서 영국이 가장 일찍 산업혁명을 경험한 이유에 대해서도 유용한 설명력을 지닌다. 특히 거시 발명과 미시 개량의 구분 및 상호 작용에 관한 논의가 유효하다는 점을 잘 보여주기도 한다. 그렇다면 영국에서 실제로 기술 진보가 어떤 양상으로 발생하였을까?

랄프 마이젠잘(R. Meisenzahl)과 모키어는 영국 기술자들이 남긴 전기물들을 수집한 여러 자료들을 한데 묶어 데이터베이스를 구축하였다.[32] 이들의 명명법을 따르자면, 거시 발명을 이룬 유명한 발명가를 '슈퍼스타'(superstar)라고 부르고, 미시 발명을 이룬 발명가는 '트위커'(tweaker), 그리고 미시 발명을 산업 현장에서 응용, 설치, 유지, 보수하는 보조적 숙련공을 '임플리멘터'(implimenter)라고 한다.[33]

32 Mesenzahl and Mokyr(2011). 데이터베이스를 구성하는 주요 전기물은 Skempton *et al.*(2002); Day and McNeil(1996); Smiles(1874); Smiles(1884); Smiles(1889).

33 그들이 제시한 대표적 사례는 증기기관의 혁신이다. 거시 발명가(슈퍼스타) 제임스 와트의 증기기관은 미시 개량가(트위커) 존 윌킨슨(John Wilkinson)의 실린더 보링 기술이 필요하였고, 또한 임플리멘터인 존 서던(John Southern)과 제임스 로슨(James Lawson)과 같은 현장 숙련공이 있었기에 가능하였다고 지적하였다(Mesenzahl and Mokyr, 2011, p. 6).

슈퍼스타 기술자의 경우 일생에 대한 기록이 매우 풍부하지만, 트위커와 임플리멘터의 경우에는 전기 내용이 간단하고 구체성이 부족한 경우가 많았다. 전기적 내용이 전혀 알려지지 않은 발명가의 경우에는 이 데이터베이스에 포함되지 못한다는 한계도 있다.[34]

이런 특성을 감안하고서 여러 변수에 대해 전체 데이터베이스와 슈퍼스타 기술자의 평균치를 비교한 〈표 6-4〉를 살펴보자. 이를 통해 트위커와 임플리멘터, 즉 미시 개량과 기타 보조 업무를 수행한 군소 기

표 6-4 전체 기술자와 슈퍼스타 기술자의 비교 (단위: %)

(1) 교육/기술	**도제**	**중등학교**	**대학**	**없음/불확실**	
군소 기술자	40	7	15	41	
슈퍼스타 기술자	54	10	24	18	
(2) 특허	**0**	**1**	**2~5**	**6~10**	**11 이상**
군소 기술자	40	25	24	6	5
슈퍼스타 기술자	19	17	28	15	21
(3) 보상	**현금**	**메달**	**명예 귀족**	**명예직**	**왕립협회 회원**
군소 기술자	8	14	7	13	16
슈퍼스타 기술자	14	25	18	29	24
(4) 출판/회원	**출판**		**회원**		**둘 다**
군소 기술자	13		14		25
슈퍼스타 기술자	14		14		35

주: 군소 기술자는 트위커와 임플리멘터.
자료: Mesenzahl and Mokyr(2011), p. 41.

34 따라서 앞으로 이어질 분석에서 잠재적인 표본 편의(selection bias)가 발생할 수 있음에 유의해야 한다.

술자들의 특성을 거시 발명을 주도하였던 슈퍼스타 기술자들의 특성과 비교할 수 있다.[35]

우선 교육과 기술을 보면, 슈퍼스타 기술자가 군소 기술자와 비교해 도제 훈련의 비율이 14%p 높았고, 중등학교 교육의 비율과 대학 교육의 비율도 각각 3%p와 9%p 높은 것으로 나타났다. 슈퍼스타 기술자가 어떤 형태이건 간에 교육과 훈련을 더 많이 받았다는 사실을 확인시켜 준다. 중등학교·대학 교육은 근대적이고 도제 교육은 전근대적이라는 이분법은 현실에 부합하지 않는다.[36]

둘째는 특허 출원이다. 오늘날 지식재산권 보호의 핵심 중 하나로 평가받는 특허 제도가 산업혁명 기간에 기술이 진보하는 데 얼마나 많이 기여하였는지에 대해서는 학자들 간에 의견이 뚜렷하게 갈려 있다. 특허 제도가 부실하였다는 주장도 있고, 사법부가 특허를 반기지 않았다는 주장도 있으며, 특허의 독점권 부여에 대해 부정적인 입장을 취한 발명가가 많았다는 주장도 있다.[37] 최근에는 특허 제도의 효과를 긍정적으로 보는 경향이 과거보다 강해지고 있다.[38]

35 교육/기술과 특허는 구분된 항목의 합이 100(%)이다. 반면에 보상과 출판/회원은 합이 100(%) 이하, 즉 해당 사항이 없는 사례가 포함된다. 특허를 제외하면 답이 복수인 항목에 중복된 사례가 존재한다.

36 산업혁명 시기 많은 기술자가 도제 제도의 틀을 따라 훈련을 받고 숙련도를 향상시켰다. 가장 널리 알려진 도제 제도 계보를 보면, 수압기를 발명한 조지프 브래머(Joseph Bramah)가 기계식 선반을 혁신하게 되는 헨리 모즐리(Henry Maudsley)에게 도제 훈련을 시켰고, 모즐리가 다시 증기해머를 발명하게 되는 제임스 네이즈미스(James Nasmyth)에게 도제 교육을 실시하였다. 이런 사례는 여러 산업에서 목격되는데, 특히 광업 분야에서 많은 사례가 등장하였다.

37 이 책의 제5장 참조.

38 Bottomley(2014a).

〈표 6-4〉를 확인해 보면, 특허를 여섯 건 이상 출원한 기술자의 비율이 슈퍼스타 기술자에서 훨씬 높은 것으로 나타났다(36% 대 11%). 반대로 특허를 전혀 출원하지 않은 비율은 슈퍼스타 기술자가 19%임에 비해 군소 기술자는 40%나 되었다. 슈퍼스타 기술자가 특허에 상대적으로 큰 관심을 기울였음을 의미한다. 비용을 들여서라도 특허로 보호해야 할 만큼 가치가 큰 발명을 하였기 때문이거나, 슈퍼스타 기술자가 특허 출원과 관련한 정보를 얻기에 용이하였기 때문이었을 것이다. 아마도 일부 기술자는 발명품을 특허로 보호하지 않아 슈퍼스타 기술자가 될 기회를 놓쳤을 것이다.

혁신을 독려하기 위해서 영국 사회는 다양한 유인책을 마련하였다. 혁신에 대한 사회적 보상의 방식으로는 현금, 메달, 명예 귀족 작위 수여, 명예직 임명, 왕립협회 회원 임명 등이 대표적이었다. 많은 발명가가 현금 포상을 솔깃하게 여겼으리라는 점은 상상하기 어렵지 않다.[39]

그렇지만 금전적 보상이 최상의 정책이 아니라고 인식한 사람들도 있었다. 특히 특허가 독점이라는 달갑지 않은 요소를 끌어들여 발명가에게 부당하게 이익을 보장하는 제도라고 이해해 부정적인 태도를 견지한 발명가들이 있었다. 계몽주의적 관점에서 발명의 과실이 모든 이에게 골고루 돌아가야 한다고 믿은 발명가들도 있었다. 이들에게는 비금전적 보상이 더 적합한 측면이 있었다. 분석 결과, 금전적 보상과 비금전적 보상 모두에서 슈퍼스타 기술자가 우위에 있었음이 입증되었다.

39 대표적인 현금 포상 사례로 의회가 제정한 경도법(Longitude Act)을 들 수 있다.

마지막으로, 출판과 과학 기술 관련 협회 회원 활동을 보면 전체의 52%에 이르는 기술자가 이 범주의 활동을 한 것으로 나타났다.[40] 전반적으로 기술자들이 이 경로로 소통을 빈번하게 한 것으로 평가할 수 있다. 그런데 슈퍼스타 기술자와 군소 기술자들 간에 두드러진 차이는 없는 것으로 나타났다는 점이 흥미롭다. 이 점은 예상을 벗어나는데, 군소 기술자들도 나름의 커뮤니티에서 동료들과 긴밀하게 교류를 한 것으로 볼 수 있다.

5. 공간적 분석

도시 네트워크

기술 진보를 산업적 계보로 추적하는 대신에 공간적 특성에 주목해 분석하는 작업도 있다. 이런 연구는 공정상 직접적으로 연결되지 않거나 혹은 업종 자체가 다른 경우에도 기술의 전파가 발생한다는 점을 강조한다. 즉, 연관 효과가 직간접적으로 발생하는 모든 분야에서 다양한 형태로, 그리고 다양한 요인에 의해, 기술이 전파될 수 있다는 주

40 협회 활동에 대해서는 공업도시 버밍엄이 가장 널리 연구되었다. 이 도시에는 문학, 철학, 과학을 다루는 여러 협회, 회원제 대출 도서관, 커피하우스 등이 산재해 있었다. 가장 유명한 모임은 루나 소사이어티였다. 자세한 내용은 제3장 참조.

장이다. 특히 미시 개량의 경우, 산업 경계를 뛰어넘어 영향이 확산하는 사례를 광범위하게 확인할 수 있다. 대표적으로 토머스 미사(Thomas J. Misa)는 도시 차원에서 국지적 네트워크가 어떻게 작동하였는지 살펴보았다.[41]

맨체스터를 예로 들어 보자. 맨체스터는 산업혁명을 상징하는 신흥 공업도시였다. 이 도시는 1770년에 인구가 3만 명에 불과하였는데, 이후 비약적으로 인구가 증가해 1851년이 되면 30만 명에 육박하게 된다. 1841년 통계를 보면, 맨체스터와 인근 랭커셔 지방에 25개의 대규모 직물회사가 운영되고 있었고, 수백 개의 중소기업이 많은 노동자를 고용하고 있었다. 시기적으로 보면 1760~1780년대에 방직과 방적 분야에서 중요한 기술 진보가 이루어져 혁신적인 기계들이 등장하였고, 과도기를 거친 후 1830년대에 공장 체제가 광범위하게 뿌리를 내리게 되었다.

산업혁명 시기의 기술 발달을 대표하는 제임스 하그리브스(James Hargreaves)의 제니 방적기, 리처드 아크라이트(Richard Arkwright)의 수력 방적기, 가늘면서도 강한 면사를 뽑을 수 있도록 개량한 새뮤얼 크롬프턴(Samuel Crompton)의 뮬 방적기, 그리고 에드먼드 카트라이트(Edmund Cartwright)의 역직기는 모두 18세기에 개발된 기계였지만, 이들이 공장제의 형태로 맨체스터에 기반을 잡게 된 것은 1820년대부터였다. 이후 기계화된 공장제는 맨체스터를 대표하는 생산 체제로 자리를 잡아갔다.

41 Misa(2011).

보조적 산업

그런데 주목해야 할 점은 직물공업이 이 도시의 대표 산업임에도 불구하고, 각종 보조적 산업 역시 많은 고용 기회를 제공하고 있었다는 사실이다. 특히 방직 및 방적 기계를 제작하고 수리하는 업종의 활약상이 두드러졌다. 예를 들어, 리처드 로버츠(Richard Roberts)는 크롬프턴의 방적기를 자동화하는 장치를 고안해 특허를 얻었다. 조지프 휘트워스(Joseph Whitworth)는 정밀한 계측이 가능한 측미계를 제작하였다. 제임스 네이즈미스(James Nasmyth)는 대형 증기해머를 만들어 기계공업 부문의 상징과 같은 위치에 올랐다. 기계공업 이외에도 여러 부문에서 발생한 기술 진보가 결합해 직물공업 중심지 맨체스터의 지위를 완성하였다. 산업혁명의 대표 도시는 이렇듯 수많은 보조 산업의 집합적 기여를 통해 형성되었다.[42]

미사는 맨체스터 외에 초대형 복합도시인 런던과 장인 체제 중심의 철물 생산 도시인 셰필드도 분석하였는데, 이들은 산업적 특징과 규모가 차이 남에도 불구하고 모두 여러 업종의 상호 연관성이 뚜렷하였음을 보여 주었다. 미사의 연구는 산업 내 기술 전파에만 초점을 맞추던 기존 연구의 한계를 지적하고, 공간적 네트워크의 관점에서 기술 변화를 고찰하였다는 면에서 중요성을 인정할 수 있다. 직간접적으로 상호 연관이 있는 업종에서 여러 발명가와 기술자의 혁신이 다차원적으

42 Misa(2011), ch. 2.

로 상호 작용하면서 당시의 기술 진보를 이끌었다는 의미다. 이렇듯 다수의 보조 산업에서 진행된 크고 작은 발명과 개량이 서로의 필요성을 매개로 촘촘하게 연결되는 관정이 바로 산업혁명 시기 미시 개량이 전개된 양상이었다.

6. 맺는 글

이상에서 산업혁명 시기 영국의 선도적 경제 발전을 둘러싼 논의들을 검토해 보았다. 우선 영국 예외주의에 기초하는 전통적 해석은 더 이상 받아들이기 어렵다. 특정한 사회적, 제도적 요인이 경제적 성취의 결정적 요인이었다는 주장은 설득력을 갖지 못한다.

현재 널리 통용되는 학설은 생산 요소의 상대 가격이 영국 기술 진보의 핵심 추동력이었으며, 영국이 세계 최초로 산업혁명을 이루게 된 궁극적 요인이라는 견해이다. 상대 가격을 이용한 설명은 사회와 문화적 특질에 관한 주관적 판단을 가급적 배제하고 국제적 비교를 가능하게 하는 장점이 있다.

그렇지만 상대 가격 설명은 유럽 전체의 공업화를 설명하는 데에는 한계를 지닌다. 영국이 고임금 경제 구조여서 일찍 산업혁명에 들어섰다는 주장은 설득력이 있지만, 유럽의 후발 공업국들이 모두 단기간 내에 고임금 경제 구조를 갖게 되었다고 볼 수는 없기 때문이다. 이런 문제점은 포머란츠의 연구에도 적용된다. 영국의 성공 비결을 풍부한 석탄 매장과 국제 무역망의 확보에서 찾는 그의 주장은 맬서스 함정의 탈출이라는 측면에서는 분명 중요한 시사점을 던져 준다. 그렇지만 어떻게 부존 조건이나 무역망 수준이 달랐던 유럽 국가들이 성공적으로 후발 공업국이 될 수 있었는가에 대해서는 만족스러운 설명을 제공하지 못한다.

이런 문제의식에서 출발해 논의의 초점을 공업화에 앞선 유럽과 공업화가 지체된 아시아의 비교에 맞춘다면, 모키어가 강조하는 산업계몽주의적 해석에 주목하게 된다. 유럽은 계몽주의적 사고와 연구에 공통적으로 영향을 받았고, 산업혁명 시기까지도 합리적 탐구와 발명을 통해 인류의 복리를 향상시켜야 한다는 산업계몽주의 사조가 널리 작용하였다.[43] 영국에서 이루어진 혁신 가운데에도 이런 집단지성의 도움을 받은 바가 적지 않다는 점은 새삼 강조할 필요가 있다.

영국이 누린 기술상의 우위는 무엇에서 기원하였는가? 전통적인 장인적 요소, 즉 과학적 탐구와는 별 관계가 없이 긴 기간에 걸쳐 습득되고 전수된 숙련된 손기술이 유리하게 작용한 것은 분명하다.[44] 그러나 산업혁명 시기 기술 진보를 단순히 빼어난 손재주의 덕이라고 평가할 수는 없다. 크고 작은 수많은 혁신은 분명 손재주를 넘어선 차원에서 발생하였다. 이런 혁신이 끊임없이 이어지기 위해서는 '유용한 지식'에

43 모키어는 애덤 스미스로 대표되는 정치경제학자들의 사상도 산업계몽주의의 일부라고 해석하였다.

44 영국이 다른 국가들에 비해 도제 제도가 원활히 작동할 여건을 갖추고 있었다는 논의에 관해서는 송병건(2004).

대한 접근 비용이 낮게 유지되었어야 한다. 영국은 교육과 훈련, 사회적 보상, 출판과 협회 활동 등을 통해 이 접근 비용을 낮추는 데 성공한 결과로, 혁신 활동을 자극해 기술 선진국이 될 수 있었다고 해석할 수 있다. 산업혁명 당시의 경제는 단순히 생산 요소의 양적 증가가 아니라 기술 혁신이 중요하였던 사회, 즉 '지식 기반 사회'의 초기적 모습을 이미 보여 주었던 것이다.

7

제7장 기업혁명

주식회사 제도는 왜 도입이 지연되었나?

1. 머리글

주식회사 도입의 간략한 역사

세계 최초로 공업화를 이룬 영국 경제의 역사는 그간 많은 연구의 대상이 되어 왔다. 특히 세계의 공장이라는 명성을 획득한 18세기 후반부터 후발 공업국들에게 추격을 당하면서도 세계 경제에서 주도권을 상실하지는 않은 수준을 유지하였던 19세기 후반에 이르는 시기에 대해 논의가 집중되어 왔다. 이 과정에서 자본 공급 및 기업 조직 면에서 영국이 보인 중요한 특징, 즉 주식회사 제도에 의존하지 않은 채 진행된 경제 발전이었다는 점이 역사가들의 집중적 관심을 받아 왔다.

1720년에 발생한 남해회사(South Sea Company)의 대규모 파산은 영국 경제를 뿌리째 흔들었고, 그 여파로 거품법(Bubble Act)이 제정된 이래 영국 사회는 주식회사 제도에 대해 강한 불신감을 유지해 왔다.[1]

그 후 100년이 넘는 동안 주식회사 제도는 영국 기업인의 선택 범위 밖에 존재하였고, 산업혁명기의 기업 활동은 거의 전적으로 주식회사와 무관하게 진행되었다. 1825년 거품법이 폐지되었지만, 주식회사의 본격적 설립은 실질적으로 불가능하였다.[2] 1844년의 주식회사법(Joint Stock Company Act)이 주식회사의 공식적 등록을 의무화함으로써 일보 진

1 6 Geo. I., c. 18. 남해회사의 파산에 관해서는 Hoppit(2002); 이 책의 제1장.

2 Harris(1997), pp. 675~696.

전된 모습을 보였지만, 주식회사 제도의 핵심적 요소의 하나인 유한책임(limited liability) 제도는 법제화되지 않았다.[3] 유한책임법(Limited Liability Act)이 1855년에 제정되고서야 현대적 주식회사의 속성이 마침내 법적으로 완결되었다.[4]

연구의 흐름

주식회사 제도의 발달사에 관한 연구는 1930년대 대공황 이후 서구 경제 제도에 대한 재검토 과정에서 확립되었다. 일련의 연구들이 제시한 주장은 다음과 같이 요약될 수 있다.

1719~1720년의 투기 과열과 거품 붕괴의 결과로 제정된 거품법은 1825년에 폐지될 때까지 1세기 이상 영국의 경제 발전에 장애물로 작용하였다. 그리고 그 이후에도 입법부와 사법부는 기업의 수요에 적절히 반응하지 못하여 주식회사의 발전이 원활히 이루어지지 못하였다. 1830년대 휘그당이 주도한 입법은 미온적 성격을 띠었고, 주식회사의 장점을 제대로 발휘할 수 있게 하는 입법은 1850년대에 와서야 이루어지게 되었다.[5]

---

3 7 and 8 Viet., c. 110. 이 법은 주식회사의 정의를 구성원 수, 주식의 가분성과 양도성 등을 기준으로 구체적으로 규정하였지만, 유한책임제는 기준에서 제외하였다.

4 8 & 19 Viet., c. 133. 그러나 그 후에도 민간 주식회사의 설립이 빠른 진전을 보지 못하였다는 점은 본 장의 논의와 관련하여 많은 시사점을 던져 준다.

5 Shannon(1931), pp. 267~291; Todd(1932), pp. 46~71; Evans(1936). 유사한 맥락에서 헌트(B. C. Hunt)의 주장에 따르면, 주식회사의 발달사는 개인 기업을 선호하는 사회적 강력한 편견에 대해 백여 년에 걸친 지속적이고 점진적인 압박의 역사였다고 평가하였다(Hunt,

이런 측면에서 볼 때 1850년대에 이루어진 주식회사의 법적 인정은 자유방임주의 및 자유무역주의의 연장선 위에 있다. 즉, 당대의 곡물법, 항해법, 고리대법 등 규제와 특권에 기초한 중상주의적 제도들의 폐지와 맥을 같이한다는 것이다. 계약의 자유를 강조하는 시대로의 전환 추세가 변화를 가능하게 하였다는 주장이다.

비판의 대두

이상과 같은 휘그적 해석은 그 후 기업사의 주류적 해석으로 자리를 잡았다. 이 해석은 역사에 대해 지나치게 합목적적이고 단선론적인 진보 사관으로 해석한다는 약점을 지니고 있다.

유용한 비판으로 보이드 힐턴(B. Hilton)의 주장을 들 수 있다. 그는 유한책임 제도가 정치 및 사회 제도의 이성적 진보가 낳은 필연적인 산물이 아니라, 특정한 이념적 태도를 보유한 정부의 정책적 선택의 귀결이었다고 보아야 한다고 주장한다. 여기에서 정부는 필연적으로 주식회사 형태의 기업에 대한 대중적 여론을 반영하여 정책 결정을 하게 되는 것이다.[6] 유사한 맥락에서 티모시 앨본(T. L. Alborn)은 대규모 주식회사들이 이윤 극대화를 위해 어떻게 주주, 고객, 노동자 등에게 자신의 행위를 정당화하였는가 하는 정치적 과정에 초점을 맞추는 것이 필요하다고 역설하였다.[7]

1936, pp. 129~131).

6 Hilton(1998), pp. 11~12. 또한 Simpson(1995).

소규모 기업들이 축적한 자기자본을 재투자하는 방식으로 자본 공급을 주로 하고, 경영에서도 가족 중심의 소유-경영 일치가 두드러졌던 전형적인 영국식 기업 운영 형태는, 산업혁명이 본격적인 궤도에 오르는 19세기 초반까지 기술 개발과 생산 조직 및 판매망의 확대에 별다른 지장을 주지 않았다고 보인다.

그러나 19세기 중반을 넘어서면서 성장 동력 산업이 면공업 등 전통적인 업종에서 전기, 화학 등 중화학공업으로 전환되는 현상이 세계적 차원에서 나타나자, 소규모의 가족 중심적 기업 구조가 지배적인 경제 체제에서는 대규모 자본 투자가 가능한 기업의 형성이 어려워졌다. 이것이 후발 공업국인 독일이나 미국에 비해 영국이 장기적으로 경제 발전에 불리한 상황을 조성하였다고 많은 학자가 평가를 해왔다. 그러나 다른 한편에서는 영국식 자본 공급 방식 및 기업 운영 방식이 당시 영국의 상황을 놓고 볼 때 최적의 선택이었다는 주장이 제기되기도 하였다.[8]

도입 지연의 요인

주식회사 제도가 부재하였다는 사실이 영국 경제의 경제 발전 추세에 대해 어떤 시사점을 주는가에 대해 학자들 간에 의견이 통일되지는

7 Alborn(1998).

8 산업혁명기 영국 자본시장과 주식회사에 관해서는 Quinn(2004); Mirowski(1981), pp. 559~577; Taylor(2006). 영국 산업혁명의 요인에 관한 종합적 논의로는 Crafts(2005), pp. 525~534; 송병건(2008c), p. 163. 영국과 후발 공업국들의 비교에 대해서는 Sylla and Toniolo, eds.(1991).

않았지만, 당대의 경제 구조와 주력 산업을 놓고 볼 때 19세기를 거치면서 대규모 자본 동원 능력을 갖춘 주식회사의 필요성이 커졌다는 점에는 대부분이 동의한다. 그렇다면 영국 사회에서 주식회사 제도의 도입이 늦어진 이유는 무엇일까? 과연 주식회사 제도는 일각에서 주장하는 바와 같이 영국 경제에 필요하지 않았던 제도인가? 아니면 주식회사 제도의 발달사는 법조계가 변화하는 경제 현실을 제때 수용하지 못하여 발생한 정치 지체의 결과로 보아야 하는가? 혹은 기업에 대한 불신이나 거부감과 같은 사회적 인식이 입법을 가로막는 실질적인 원인이 되었던 것인가? 자유방임주의라는 거시적 철학 체계가 지나치게 강한 통제력을 발휘하여 독점적 위험을 갖게 될 기업 체제에 대해서 부정적 태도를 보이게 하였던 것은 아닐까?

본 장은 19세기 전반부터 약 반세기에 걸친 시기에 초점을 맞추어, 주식회사 제도의 도입을 둘러싼 논의가 이루어진 시기에 어떤 경제적, 사회적, 정치적 상황이 신속한 제도 도입을 막았는가를 살펴보고자 한다. 주식회사 설립 움직임이 두드러졌던 각 세부 시기에 주식회사 설립 노력이 구체적으로 어떤 성과를 보였는지, 그리고 이 성과가 당시의 사회적 가치관과 결합하면서 여론 형성층과 잠재적 투자가들에게 어떤 평가를 받기에 이르렀는지를 고찰할 것이다. 이러한 논의 과정을 통해 위에서 언급한 다양한 가설들을 검토하고자 한다.

2. 기업의 종류와 주식회사 설립의 추이

회사의 종류

우선 중상주의 시기 이래 영국 역사에 등장한 회사의 종류를 살펴보자. 일반적으로 회사는 재화와 서비스를 공급하는 역할을 담당하는 경제 주체로 규정되며, 가장 큰 테두리에서 본다면 동업자들이 생산 요소를 공동으로 투자하고 기업 경영의 성과를 나누는 파트너십(partnership)과 우리가 논의의 대상으로 삼는 주식회사(joint-stock company)로 나누어 볼 수 있다. 그리고 주식회사는 다시 다음과 같은 다섯 종류로 구분할 수 있다.[9]

표 7-1 주식회사의 종류

종류
1. 비법인-비등록 회사
2. 왕립헌장(Royal Charter)에 의해 법인화된 회사
3. 개별적 입법을 통해 법인화된 회사
4. 특허 규정을 통해 특권을 부여받은 회사
5. 회사법(Companies Act)에 따른 등록을 통해 법인화된 회사

자료: Todd(1932), pp. 49~51.

9 중간 형태라고 볼 수 있는 제규조합(regulated company)은 논의에서 제외하기로 한다. 이런 형태의 기업에 대해서는 김종현(2006), pp. 494~495를 참조할 것. 이하의 구분은 Todd(1932)를 따른다.

첫째 유형인 비법인-비등록 회사는 주식회사의 다른 속성을 갖지 않았기 때문에 그저 대규모의 파트너십이라고 볼 수 있는 회사다.

둘째 유형은 1555년에 설립된 러시아회사(Russia Company)를 모체로 한 형태로서, 국왕이 하사한 헌장에 기초하여 권한이 확립된 회사이다. 레반트회사(Levant Company, 1581년 설립), 동인도회사(East India Company, 1600년 설립), 허드슨만회사(Hudson's Bay Company, 1670년 설립), 왕립아프리카회사(Royal Africa Company, 1672년 설립), 남해회사(South Sea Company, 1711년 설립) 등이 이 유형에 해당한다. 주로 해외 무역에 주력하는 이 회사들에게는 중상주의 경제 정책의 일환으로서 법인 고유의 여러 특권뿐만 아니라 특정 지역에 대한 독점적 무역권이 부여되었다.

셋째 유형은 의회에 입법청원을 함으로써 법인 자격을 획득하게 된 회사로서, 특히 18세기 말 운하 건설 붐이 일었을 때 많은 기업이 추진하였던 회사 형태이다. 개별 입법을 통해 법인화되는 경우 기업은 법률적 소송권 및 피소송권을 갖게 되어 있었다. 입법에 의한 법인화는 적지 않은 경제적 비용을 요구하였기 때문에 이에 대한 대응책으로 1834년부터는 국왕이 특정 무역회사를 지목하여 특권을 부여하는 특허 규정을 둘 수 있게 하였다.[10] 이에 따라 주식회사의 넷째 유형이 등장하게 되었다.

마지막으로, 1844년의 주식회사법은 주식회사의 공식적 등록을 의무화하였는데, 이에 따라 등록을 완료한 기업이 다섯째 유형의 주식회

10 4 & 5 Will. IV., c. 94.

사이다. 특히 1855년부터는 이 형태로 법인화된 기업이 유한책임제를 보장받게 되어 현대적 주식회사의 가장 중요한 특징 가운데 하나를 갖추게 되었다. 이상의 주식회사 형태 중 첫째를 제외한 나머지 유형들이 앞으로의 논의 대상이다.

주식회사의 속성

주식회사 도입의 의미를 제대로 하기 위해서는 주식회사가 지닌 속성을 명확히 파악하는 작업이 필요하다. 파트너십과 비교하였을 때 주식회사는 다음과 같은 특징을 보유한다.

첫째, 주식회사는 법인(法人)적 속성을 지닌다. 즉, 권리의 영속적 승계가 가능하고 법인 인감을 사용한다. 더욱 중요한 점은 주식회사가 주식회사의 대표를 통해 법적으로 소송을 제기하거나 소송의 대상이 될 수 있었다는 사실이다. 이 권리는 초기에는 제한적으로 부여되었으나 시간이 지나면서 점차 확대되어 1844년 입법 이후에는 등록된 모든 주식회사에 권리가 부여되었다.

둘째, 주식회사는 구성원의 숫자에서 파트너십과 차이를 보인다. 1844년 법에 따르면 주식회사는 구성원이 25인을 초과하거나 자유롭게 거래가 가능한 주식의 형태로 자본이 분할되어 있는 상업적 파트너십이라고 정의된다.

셋째, 회사 구성원의 활동에서도 차이가 있다. 주식회사에서는 출자만 하고 업무에 관여하지 않는 이른바 '휴면 파트너'(sleeping partner)의

수가 많은 반면에, 파트너십의 경우 그 수가 통상 2인 이하로 제한된다.

넷째, 1855년부터 주식회사는 파트너십의 무한책임제(unlimited liability)와 뚜렷이 구분되는 유한책임제의 대상이 되었다.

위의 둘째와 셋째 특징으로 인해 주식회사에는 경영에 참여하지 않는 구성원이 많으며, 따라서 주식회사는 파트너십과 비교할 때 기업의 운영 내용에 대해 구성원들에게 신속하고 정확하게 공지를 해야 할 필요성이 훨씬 크다. 구성원의 등록, 정관의 설정, 변경 사항 등의 고지가 제대로 이루어지지 않게 되면 주식회사의 신뢰도는 타격을 입게 된다.

시대적 배경

이제 19세기를 거치면서 주식회사 건립 움직임이 구체적으로 언제, 그리고 어떤 경제적 상황 속에서 고조되었으며, 그 결과가 얼마나 성공적이었는가를 살펴보자. 19세기 전반 주식회사의 설립 상황에 대한 자료는 제한적이지만, 가용한 기록을 통해 재구성해 보면 이 시기에 몇 차례의 경제적 붐과 함께 주식회사 설립의 물결이 높아졌음을 확인할 수 있다.

1807~1808년 일시적 호황이 발생하자 1720년에 제정된 거품법의 구체적 범위와 실효성에 대한 논의가 이루어졌다.[11] 그러나 보다 본격적인 논의는 1825년 거품법이 공식적으로 폐지되면서 전개되었다. 나

11 Harris(1997), p. 679.

표 7-2 1824~1825년에 설립된 기업

업종	기업 수	자본금(파운드)
투자	28	52,600,000
운하/철도	54	44,051,000
광업	74	38,370,000
보험	20	35,820,000
건설	26	13,781,000
가스	29	12,077,000
무역	11	10,450,000
증기선 운항	67	8,555,500
식량	23	8,360,000
기타	292	148,108,000
합계	624	372,173,000

자료: English(1827).

폴레옹전쟁이 끝난 후 최초로 발생한 호황의 시기였던 1824~1825년에 장밋빛 경기 전망의 확산에 힘입어 624개의 기업이 비법인 회사의 형태로 설립을 추진하였다. 〈표 7-2〉가 보여 주는 바와 같이 광업, 증기선 운항, 운하/철도 등의 업종을 중심으로 회사 설립 붐이 일었다.

그러나 〈표 7-3〉에 나타난 바와 같이 이들 중 실제로 설립된 기업의 수는 1827년을 기준으로 볼 때 총 127개에 불과하였다. 기업의 가치도 원래 가치의 1/4 이하로 현저하게 감소해 있었다. 이러한 경험은 1825년 거품법의 폐지에도 불구하고 주식회사 제도의 전면적인 수용을 사회가 용인하기 어렵게 만들었다.

1834~1837년의 경기 호황 때에는 또 한 차례의 주식회사 붐이 일

표 7-3 1824~1825년에 설립되어 1827년에 존속한 기업

업종	기업 수	액면가(파운드)	현재 가치(파운드)
보험	14	28,120,000	1,606,000
광업	44	26,776,000	2,927,350
가스	20	9,061,000	1,504,625
기타	49	38,824,600	3,265,975
합계	127	102,781,600	9,303,950

자료: English(1827).

표 7-4 1834~1837년에 설립된 기업

업종	기업 수	자본금(파운드)
철도	88	69,666,000
은행	20	23,750,000
보험	11	7,600,000
광업	71	7,035,200
운하	4	3,655,000
증기운항	17	3,533,000
투자	5	1,730,000
가스	7	890,000
운송	9	500,000
장묘	7	435,000
신문	6	350,000
기타	55	16,104,500
합계	300	135,248,700

자료: Parliamentary Papers, VII(1844).

었지만, 역시 불발 또는 단명에 그친 기업이 많았다. '철도광'(Railway Mania) 시대로 알려진 이 시기에는 철도회사의 설립 붐이 투자 분위기를

이끌었고, 광업 부문에서도 회사 설립 붐이 발생하였다. 〈표 7-4〉에서 이런 추세를 확인할 수 있다.

주식회사 청원과 설립

1840~1844년에는 의회에 주식회사 설립을 청원한 기업의 수와 입법에 실제 성공한 기업의 수에 대한 통계를 얻을 수 있다. 〈표 7-5〉에서 보듯이, 법안 수로는 철도가 1위, 그리고 항구/부두/선창/어업이 2위를 차지하였으며, 입법 성공률은 운하/운항/도선이 1위를 차지하였고 철도가 그 뒤를 이었다. 비록 1820년대에 비해서는 주식회사 설립에 투기적 요소가 다소간 약화한 것으로 평가되지만, 입법 성공률로 판단할 때 여전히 의회를 포함한 정치권의 주식회사 제도에 대한 확신은 제한적이었던 것으로 보인다.

표 7-5 1840~1844년 의회에 청원된 주식회사 설립에 대한 민간 법안과 입법 성공률

부문	법안 수	통과 건수	성공률(%)
운하/운항/도선	35	28	80
철도	188	137	73
시장/교량/장묘	49	34	69
가스/수도	63	41	66
'기타' 회사	77	49	64
항구/부두/선창/어업	115	64	56
합계	527	353	67

자료: Anon.(1841~5).

1844년부터는 새로 제정된 주식회사법 덕분으로 인해 공식적으로 등록된 주식회사의 수를 확인할 수 있다. 그 해 등록된 회사는 총 965개였는데, 이 가운데에는 실제 영업을 하지 않은 기업도 상당수 포함되어 있던 것으로 보인다. 1856년에 실제 존재한 주식회사가 약 700개였던 것으로 추정되는데, 그 수는 1858년에 약 1,000개, 1864년에 약 2,000개를 거쳐 1883년에는 약 7,800개로 증가하였다. 그리고 1889년에는 약 11,200개, 1907년에는 39,600개에 이르렀으며, 1914년 제1차 세계대전 직전에는 약 58,000개에 도달하였다. 정리해 보자면, 1850년대까지도 실제로 개업 중인 주식회사의 수는 약 1,000개 수준을 벗어나지 못하였고, 1860년대 이후에 가서야 증가세에 가속도가 붙은 모습이다.[12]

한편, 상장 주식의 가치를 보여 주는 〈표 7-6〉은 기업 주식의 비율이 1853년에 전체 주식 가치의 1/4에도 못 미쳤으며, 1883년에조차 1/2

표 7-6 증시에 상장된 주식의 명목 가치, 1853~1883년 (단위: 백만 파운드)

주식의 종류	1853년 초	1863년 초	1873년 초	1883년 초
정부 주식 (비율)	923 (76%)	1,073 (67%)	1,345 (59%)	1,897 (52%)
기업 주식 (비율)	292 (24%)	531 (33%)	925 (41%)	1,745 (48%)
합계 (비율)	1,215 (100%)	1,604 (100%)	2,270 (100%)	3,641 (100%)

자료: Morgan and Thomas(1969), p. 282.

12 Taylor(2006), p. 6. 크게 보아 20세기 이전까지는 주식회사의 활동이 여전히 제한적이었다. 1885년을 기준으로 보면 1인 기업과 공익 기업을 제외한 '주요 기업 조직'의 90% 이상이 파트너십의 형태였다.

이하였음을 말해 준다. 기업 주식의 가치는 1853년에 3억 파운드 이하였으며, 10년 후에도 5억을 조금 넘는 수준에 머물렀다. 1870년대에 이르러서야 그 액수가 10억 파운드를 넘게 되었다.

회사의 존속률

당대 세계 최고의 선진 경제가 주식회사 제도를 본격적으로 가동하지 못한 이유가 무엇인가에 대한 힌트는 당시 회사의 존속률에서 찾을 수 있다. 분명 설립이 계획된 주식회사가 모두 설립에 성공한 것이 아니었으며, 설립된 주식회사라고 해서 모두 장수를 한 것도 아니었다. 많은 기업이 몇 해를 넘기지 못하고 폐업에 이르고 말았다.

〈표 7-7〉이 보여 주듯이, 1858년에 설립된 주식회사 중 이듬해까지 존속한 기업의 비율이 72%였으며, 1857년에 설립된 주식회사 중 1859

표 7-7 주식회사의 존속률, 1859~1880년

존속 연수	1859	1864	1880
1	72	81	92
2	67	77	81
3	64	68	–
4	–	58	–
5	–	47	58
6	–	45	–
7	–	41	–

자료: Todd(1932), p. 58.

년에 존속한 기업의 비율은 67%에 불과하였다. 회사의 존속률은 1860년대를 넘어서면서 상승세를 보였다. 존속 연수가 1년 이상인 주식회사의 비율이 1864년에는 81%, 그리고 다시 1880년에는 92%로 증가하였음을 표는 보여 준다.

이렇게 상대적으로 낮은 기업의 존속률은 주식회사에 대한 투자가 19세기 중반까지도 높은 위험도를 수반하였음을 말해 준다. 주식회사에 대한 영국 사회의 미온적 태도는 이러한 위험성이 남해회사 파산의 어두운 과거를 반복적으로 상기시켜 주었기 때문이었다는 추측을 가능하게 해준다.

3. 기업 조직의 변화와 사회적 평가

특권의 근거

다음으로 주식회사 제도의 변천사와 더불어 정치가, 학자, 기업가, 그리고 여론이 어떤 태도를 견지하였는지, 그리고 언제 어떤 이유로 태도에 변화가 생겼는지 상세히 살펴보기로 하자.

16세기 후반부터 설립된 무역회사들에게 영국 정부는 법인으로서의 여러 특권을 부여하였다. 이윤을 추구하는 법인의 등장은 곧 국가 권력의 양보를 의미하는데, 이에 대한 정당성의 핵심적 근거는 '공익'(public interest)에 있었다. 국민에게 돌아가는 이익이 정부가 개입의 축소로 인해 입게 되는 비용보다 커야 한다는 것이 정부의 공식적 판단 기준이었다.

한편, 1690년대부터 일부 기업가들은 의회의 승인을 얻지 않은 채 대규모의 파트너십—비법인 회사—을 결성하였다. 이 조직의 구성원들은 집단으로서 재산을 소유할 수는 없으나 신탁을 통해 재산을 보유할 수 있었다. 정부는 초기에는 이들에 대해 별다른 제약을 가하지 않았지만, 시간이 지나면서 이런 조직들의 공익성에 대한 회의가 커졌다. 1710년대에 설립 붐이 일어나면서부터, 그리고 더욱 본격적으로는 1720년 거품법이 통과된 이후에, 정부는 법적 승인을 수반하지 않은 비법인 회사의 설립을 엄격하게 통제하였다.[13]

부정적 여론

비법인 회사의 활동에 대해 여론은 호의적이지 않았다. 비법인 회사의 경영 내용을 외부에서 파악할 방안이 마련되지 않은 가운데, 잠재적 투자가들은 이 기업들이 안정적인 수익을 낼 것이라는 믿음을 갖기 어려웠고, 다른 이들은 기업의 부실화가 초래할 사회적 악영향에 대해 불안감을 가졌다. 입법가와 학자들의 견해도 대체로 이와 같은 방향이었다.

13 Taylor(2006), pp. 37~43, 46~49.

예를 들어, 18세기 말 애덤 스미스(A. Smith)는 『국부론』에서 이 기업들이 본질적으로 독점적 속성을 지니고 있으며, 따라서 이들의 활동은 개인들이 감당할 수 없는 규모의 자본이 요구되는 특정 무역 활동으로 국한되어야 마땅하다고 주장하였다.[14]

동시대의 많은 사람에게 이 기업들은 '중상주의적 부담'(mercantilist burden), 즉 특권, 독점력, 비효율 및 구식 부패 체제(Old Corruption)를 상징하는 것으로 여겨졌다.[15] 여기에 18세기 말부터 본격적으로 전개된 복음주의 부활(evangelical revival)이라는 종교적 환경은 경제 활동에서 개인의 책임과 금전적 엄밀성을 강조함으로써 개인별 책임의 규모를 축소하려는 정책 방향에 대해 반발하는 경향을 더욱 강화하였다.[16]

관심의 증가

주식회사가 여론의 집중적 관심을 받게 된 것은 주식회사의 기능과 가능성이 본격적으로 논의된 19세기에 들어서였다.[17] 1825년 거품법이 폐지되면서 주식회사 제도의 활용 가능성이 기업가들의 선택권에 들어오게 되었다. 특히 1830년대와 1840년대 철도 건설 붐에 따라 수많은 주식회사가 등장하자, 이 기업들이 초래할 잠재적 부작용에 대한 대중의 우려가 증가해 갔다. 또한 당시까지 영국 경제 발전의 주춧돌로 여

14 Smith(1776).
15 Harris(1994b), ch. 3.
16 Hilton(1998), ch. 7.
17 Mirowski(1981), pp. 559~577.

겨져 왔던 개인 기업이 쇠퇴하게 될 것이라는 비관적 전망도 확산하였다. 주식회사의 유한책임제는 기업의 부실을 초래할 위험이 큰 '비영국적인' 제도라는 여론이 비등하였다.[18]

이때부터 약 30년에 걸쳐 영국 경제에서는 수익처를 찾아 안정적 방법으로 투자하려는 자본 공급자들과 이해를 공유하는 주식회사 제도 옹호 세력과 섣부른 주식회사 제도의 전면적 도입이 투기 과열로 이어져 경제 전체에 큰 피해를 줄 수 있다고 주장하는 비판 세력 간에 공방전이 치열하게 전개되었다.

팽팽한 여론

〈표 7-8〉은 1854년 주식회사에 유한책임을 부과하려는 입법을 둘러싸고 전개된 왕립위원회의 조사 내용을 정리한 것이다. 왕립위원회에 출석한 증인들의 견해는 찬반이 팽팽히 맞섰으며, 많은 경우 직종이나 거주지에 상관없이 의견이 갈렸다.[19] 19세기 중반까지도 주식회사가

18 Taylor(2006), pp. 93~134. 영국에서 주식회사는 19세기 중반까지도 구성원들의 집합이라는 관념이 지배적이었다. 즉, 회사(company)는 모험가 집단(a company of adventurers)이나 재산가 집단(a company of proprietors)이라는 의미로 받아들여졌다. 미국에서 법인(corporation)이라는 용어가 더 일반적으로 사용되었던 사실과 대조적으로 영국에서는 법인과 비법인을 통칭하여 회사라는 용어를 더 널리 사용하였는데, 이런 언어 사용의 차이는 개인의 집합이라는 측면을 더 강조한 영국적 경제 환경 때문이라고 볼 수 있다. 영국에서 법인세의 도입이 늦어진 것도 이런 차이를 반영한 것으로 볼 수 있다(Daunton, 2001, pp. 210~211).

19 은행가들이 반대편으로 기운 것은 기업의 무분별한 투자가 수익성 악화로 이어져 은행에 악영향을 줄 것이라는 우려가 반영된 탓으로 보인다. 한편, 학자와 의회 의원들이 모두 찬성을 표시한 것은 당시 논쟁의 강도를 놓고 볼 때 의외로 보인다.

표 7-8 '유한책임이 주식회사에게로 확장되어야 하는가?': 파트너십법(Partnership Law)에 왕립위원회 출석 증인들의 견해

구성원		예	아니오
직종	상인/제조업자	17	18
	법조인	9	6
	은행가	3	14
	학자/의회 의원	9	0
거주지	런던	18	15
	런던 제외한 잉글랜드	9	11
	스코틀랜드	5	10
	아일랜드	4	2
합계		36	38

자료: Parliamentary Papers, XXVII(1854).

사회적 악영향을 피하고 바람직한 방식의 자본 확보 채널로 작동할 수 있을 것인가에 대해 당대인의 견해가 얼마나 폭넓게 갈라져 있었는가를 여실히 보여 주고 있다.

우려의 논리

이제 19세기를 거치면서 주식회사의 전면적 도입을 둘러싼 논쟁에서 불거진 주식회사 제도에 대한 사회적 우려의 내용을 살펴보자. 특히 유한책임제가 초래할 위험에 대한 다양한 논리가 눈길을 끈다.[20]

20 Taylor(2006), chs. 1~2에 의존함.

우선 영국 사회가 전통적으로 가치를 인정해 온 파트너십에 기초한 경제 체제의 기저에는 신뢰(credit)와 품성(character)이 양대 축으로 자리를 잡고 있었다. 사업 성공의 열쇠는 상업적 신뢰에 있고, '평판의 흐름으로서의 신뢰'가 없으면 서로를 아는 면대면 관계를 넘어선 거래가 불가능하다는 것이다.[21] 시장 경제는 수요와 공급만 있으면 자동으로 형성되고 작동하는 비인간적 기계가 아니라, 수많은 '도덕 경제'(moral economy)의 조각들이 치밀하게 짜여 전체를 형성하는 것이다. 따라서 마곳 핀(M. C. Finn)이 주장하듯이 소비자의 신뢰는 생산자의 개인적 품성이 없다면 불안정해질 수밖에 없다. 결국 시장은 도덕성에 의해 궁극적으로 규제된다는 것이다.[22]

전형적인 파트너십에서 각 파트너는 조직의 재산에 대해 균등한 권리를 가지며, 한 파트너의 행위는 다른 파트너를 구속한다. 따라서 파트너십은 구성원 간에 긴밀한 관계가 없이는 성공적인 유지가 불가능하다. 한편, 영국의 법률은 파트너십을 법률 행위를 할 수 있는 주체로 인정하지 않고 다만 개인의 총합이라고만 인정한다. 따라서 파트너십을 맺은 구성원은 자신의 행위뿐 아니라 파트너의 행위에 대해서도 자신의 '마지막 실링과 마지막 에이커까지' 책임을 지게 된다. 이 무한책임제야말로 신뢰와 품성에 기초한 가장 '영국적인' 경제 체제의 근간이라는 것이다. 따라서 유한책임제에 기초한 주식회사의 도입은 이러한

21 Muldrew(1998), p. 7; Sunderland(2007), pp. 155~185.
22 Finn(2003). 또한 Davidoff and Hall(1987). 도덕 경제의 개념 기원에 대해서는 Thompson (1991).

덕목을 말살하고 '오직 금전만이 소유자들을 이어 주는 유일한 끈이 되는' 경제로의 개악을 의미한다.[23]

도덕적 해이

애덤 스미스는 주식회사 제도가 필연적으로 현대 경제학에서 말하는 도덕적 해이(moral hazard)를 초래할 것이라고 주장하였다. 주식회사의 이사는 '자신의 돈이 아니라 남들의 돈을 관리하는 사람이므로', 파트너십에서 파트너가 자기 돈에 유념하는 만큼 주식회사의 이사가 남들의 돈에 신경을 쓰리라고 기대하기 어렵다. 따라서 그런 회사에는 '태만과 낭비'가 항상 만연하게 되어 있다고 그는 주장하였다.[24]

경영진과 주주의 이해관계 불일치와 정보의 비대칭성에서 초래되는 이러한 문제에 대해 학자들뿐만 아니라 법률가와 언론인, 기업가들

23 *The Times*, 1840년 10월 9일 및 21일. 수많은 탈법과 편법적 행위가 행해졌는데, 1844년 의회에 구성된 특별위원회는 그중 대표적인 방법들로 아래와 같은 행위들을 나열하고 있다. 허위 이름의 기재, 본인의 승낙 없이 유명 인사의 이름 무단 도용, 기업설명서 허위 기재와 과장 광고, 신문에 실제 개최되지 않은 회합에 대한 허위 보고서 게재, 주주총회 개최의 방해, 주식 양도 기록의 위조, 허위 투표권의 사용, 분식회계, 부당한 배당 책정, 기업의 신용도 부족을 감추기 위한 유명 인사의 고용(Parliamentary Papers, VII, 1844, p. ix).

24 Smith(1776), ch. 9. 개인은행과 주식회사 형태의 은행 건축물을 비교한 연구에 따르면, 주식회사 건물이 의도적으로 훨씬 크고 웅장하고 화려한 형태를 띤다. 주식회사는 개인적 접촉의 부재를 보충하기 위해 건물의 규모와 장식에 승부를 거는 것이며, 이런 속성은 또한 이 기업의 영속성과 안전성을 보장하는 듯한 이미지를 고객과 주주들에게 제공하는 효과도 노린다. 실제로는 이러한 비용 증가와 규모의 불경제적 요소가 기업의 수익성에 해를 끼칠 가능성이 큼에도 불구하고 이런 관행을 바꾸기는 어렵다(Black, 2000, pp. 351~375).

도 잘 이해하고 있었다. 주주들은 유권자의 임무를 점차 망각하게 되고 기업의 경영 상태에 대해 적극적이고 지속적인 관심을 보이기 어렵다. 또한 주주는 주주총회에서 자신의 의견을 비중 있게 제시하기 어려운 반면, 이사들은 대리투표 제도를 이용해 자신들이 원하는 방향으로 회의를 이끌 수 있는 능력이 컸다. 신중함과 엄격함은 빅토리아 치세의 중산층에게 강조된 대표적인 덕목이었다. 이에 반해 태만과 사치와 낭비는 귀족적 품성으로서 구식 부패 체제의 연장선 위에 있는 것으로 여겨졌다. 주식회사 제도는 중산층 기업가의 미덕을 갉아먹는 사회의 암적 존재가 될 것이라는 우려가 자주 표출되었다.[25]

철도 붐의 사례

도덕적 해이가 심각한 기업이 좋은 성과를 낼 것이라 기대하기는 어렵다. 1830년대 철도 건설 붐 속에서 다수의 기업은 방만하게 경영하였고, 그 결과 수익성이 악화해 '공공의 적'으로 떠오르는 사건들이 연이어 발생하였다. 철도건설비는 예상을 크게 상회하여 기업에 부담이 되었고, 경영진들은 의회에 로비를 하여 운임의 인상을 도모하였다. 결국 주식회사 경영의 부실이 초래한 부담을 소비자가 짊어져야 하는 상황이 전개되었고, 여론은 크게 악화하였다.

부실이 심화해 파산에 이른 경우도 많았다. 투기 광풍이 수그러들

---

25 Pearson(2002), pp. 840~866.

고 나면 투자가들은 파산의 위험에 직면하게 되었고, 기업은 자본의 부족으로 허덕였으며, 은행도 결국 파산의 길을 가게 되었다. 다시 상인과 제조업자의 활동이 위축되었고, 그에 따라 실업이 증가할 수밖에 없었다. 이러한 연쇄 효과로 인해 빅토리아 시기 파산의 이미지는 '사회적 묵시록'(social apocalypse)과 같은 것이었다.[26]

주식회사는 실제 보유한 기술보다 우월한 기술을 가진 듯이 주주나 고객을 현혹하는 경우가 많았다. 특히 산업혁명의 전개와 더불어 발명에 대한 수많은 아이디어가 잠재적 투자자들의 시선을 모으게 되면서, 과장 및 허위 광고를 통해 기만과 사기 행위가 빈번하게 발생하였다. 발명을 빙자한 기만 사례가 증가하자, 의회는 1830년대에 발생한 주식회사의 사기 사례를 조사하기 위해 특별위원회를 구성하기도 하였다. 이 특별위원회는 사기의 다양한 사례를 조사하고 피해의 확산을 막기 위한 권고를 정부에 제시하였다. 이에 따라 추진된 조치에 의하여 주식회사는 겉만 번드레한 보잘것없는 발명품을 제작하고 판매하는 활동을 하지 못하도록 규정이 마련되었다. 이런 회사에는 제빵 회사, 제화 회사, 시계 제조 회사 등이 포함되어 있었다.[27]

독점화의 폐해

빅토리아 시기 최상의 시장 형태에 관한 사회적 합의는 자유방임적

26 Weiss(1986), ch. 8.
27 Parliamentary Papers, VII(1844), p. 117.

경쟁시장에 초점이 맞추어 있었다. 주식회사 제도의 도입에 대한 우려 요인 가운데 하나는 주식회사의 광범위한 확산이 독점화를 심화시키리라는 예측에 기초하고 있었다.

소규모 상인들의 경쟁 체제가 상대적으로 잘 갖추어져 있었던 대규모 주식회사의 순차적 설립으로 붕괴하고 나면, 소비자들이 대기업의 횡포를 벗어날 수 없게 되어 그들의 후생 수준이 하락할 가능성이 농후하다는 우려가 따랐다. 판매량 축소와 가격 인상 등 독점화의 전형적인 폐해가 대두하리라는 것이다.

독점적 생산자의 횡포로부터 소비자의 이익을 보호하는 것이 영국 자유경제 이데올로기의 핵심적 요소였다는 점을 고려할 때, 영국의 정치가들이 정파의 차이와 무관하게 대체로 주식회사 제도의 전면적 도입에 미온적이었던 이유를 이해할 수 있다.

독점에 대한 우려는 나폴레옹전쟁 이후 실업이 고공 행진을 벌이던 상황에서 특히 강하게 표출되었다. 기업에 소송과 관련한 권한을 부여하려는 시도조차도 여론의 저항에 직면하였던 것은 바로 이런 사정을 반영한다. 이 시기에는 특히 독점력을 강화해 가는 주식회사가 중상주의 시기 국왕에게 배타적 특권을 부여받은 기업의 이미지와 동일시됨으로써 여론의 표적이 되곤 하였다.[28]

28 Harris(1997), ch. 2; Trenchmann(1998), pp. 217~251.

종교적 관점

마지막으로, 주식회사 제도가 종교적 정당성을 결여하였다는 사회적 인식을 지적할 수 있다. 복음주의적 사회관은 인간이 보상과 처벌에 의해 통치된다는 생각에 기반하였다. 정직하고 근면하게 행해진 노동은 마땅히 보상받아야 하고, 반대로 태만함은 징벌의 대상이 되어야만 한다고 보았다. 이러한 가치 체계는 19세기 초반을 거치면서 사회의 종교적 통념으로 자리를 잡게 되었고, 빅토리아 시기의 중요한 종교적 생활 지침이 되었다.[29]

주식회사 제도는 힘든 노동과 이에 부응하는 정당한 보상과의 연계를 파괴하였다는 비난을 받았다. 주식회사 형태의 기업에서 주주들은 기업 활동에 능동적으로 참여하는 것이 아니라 단지 '수동적'인 투자자로서만 관여하게 되므로, 이들에게 주식회사는 '나태하게 돈벌이하는 수단'(a means of making money in idleness)으로서만 의미를 지닌다.[30] 실제로 많은 사람이 투기를 무신론적 활동이라고 간주하였다.

투기는 단지 경제적 무책임성을 의미하는 것에 그치지 않고 종교적 무신론과 철학적 회의와 연결되었다. 특히 1830년대부터 활동이 두드러졌던 '크리스천 경제학자'(Christian economist)들은 건전한 경제 활동과 사회적으로 바람직하지 못한 경제 활동의 구분을 명확히 하였다. 정직한 노동과 부정직한 투기의 대비는 한층 강조되었고, 주식거래소는 탐

29 Hilton(1998), pp. 257~260.

30 *The Times*, 1840년 10월 9일. Taylor(2006), p. 37에서 재인용.

욕과 비도덕성의 상징으로 받아들여졌다.[31]

정치가, 학자, 언론인 등 당대의 여론 주도층이 주식회사 제도의 도입에 미온적이거나 심지어 적대적이었던 근거는 이상과 같다. 주식회사가 신뢰와 품성을 파괴하고, 도덕적 해이를 야기하고, 기업의 부실화를 초래할 것이며, 기술력에 대한 과장 광고를 통해 사기 사건을 양산하며, 경쟁을 훼손해 독점의 폐해가 전면화할 것이며, 종교적인 가치관과도 부합하지 않는다는 사회적 평가 속에서, 주식회사 제도의 신속한 도입은 기대하기 어려웠다.

4. 사회적 인식의 변화

변화의 새 물결

주식회사에 대한 이러한 부정적 시각은 1850년대에 들어서면서 중대한 변화를 맞게 된다. 주식회사의 폐해에 대한 대중의 우려가 완전히 불식된 것은 아니었지만, 주식회사 제도가 가져올 긍정적인 효과에 대해 점점 더 많은 관심이 쏠렸다. 이에 따라 여론의 저울추는 서서히 주식회사 제도의 도입 쪽으로 기울기 시작하였다. 주식회사 제도의 광범

31 Hilton(1998), pp. 122~123. '크리스천 경제학' 또는 '크리스천 정치경제학'에 대한 상세한 논의는 Waterman(1991) 참조.

위한 도입을 옹호하는 가장 대표적인 논리는 유한책임제를 포함한 제도의 확충을 통해 큰 액수의 투자금을 유치할 수 있어서 경제 발전에 도움이 된다는 것이다.

후발국들의 공업화가 진전되고 특히 전기, 화학, 기계 등 중화학공업이 새로운 기간산업으로 등장하는 산업 구조상의 변화 속에서, 기존의 소기업 체제로서는 영국 경제가 장기적으로 우위를 지속할 수 있다고 자신하기 어렵게 되었다. 이른바 '2차 산업혁명'이라고 불리는 이 시기의 세계적 변화가 주식회사 제도의 도입이 가져올 효과에 대한 사회적 논쟁을 불가피하게 만들었다.[32]

이와 더불어 19세기 중반 영국에서는 주식회사 제도의 교육적 효과, 특히 그간 경제 활동에서 부차적 역할만을 해온 계층에 대한 대중교육적인 효과에 대해서도 많은 논의가 있었다. 과거에는 기업 투자가 노동자와 여성에게는 특히나 걸맞지 않은 위험도 높은 경제 활동이라는 인식이 일반적이었으나, 1840년대부터는 이 견해에 균열이 생겨났다.

저명한 사상가 존 스튜어트 밀(J. S. Mill)은 여성의 적극적인 경제 활동을 매우 긍정적으로 평가하였으며, 그의 지지에 힘입어 적지 않은 수의 여성이 주식회사 형태로 기업 설립을 추진하였다. 한편, 밀은 노동자도 이러한 활동에 적극성을 보여야 한다고 주장하였다. 여기에 이미 1830년대부터 노동 계급의 선거권 쟁취에 주식회사의 권한을 이용할 수 있지 않을까 고심해 온 차티스트 운동가들의 노력이 결합하면서,

32 Nicholas(2004), pp. 227~252.

1850년대에 주식회사에 대한 노동자들의 관심이 크게 고조되었다.[33]

의회와 내각의 정책 입안자들에게 이런 고려가 얼마나 중요하였는가에 대해서는 의견이 엇갈린다. 그러나 최소한 여성과 노동자 집단의 일부에서 주식회사를 바라보는 시각에 중대한 변화가 발생하였고, 이런 변화가 주식회사 옹호 진영에 힘이 되었던 것만은 분명하다.

정부의 입장

한편, 정부의 시각도 1850년대부터 변화를 보이기 시작하였다. 힐턴은 정부가 경제 성장에 우선순위를 두는 방향으로 경제 정책에 중대한 수정을 가함으로써 주식회사에 대한 새 입법이 가능하였다고 지적한다. 원래 자유주의적 보수주의자라고 알려진 로버트 필(R. Peel)의 추종자들은 전통적이고 복음주의적인 경제관을 견지하였다. 이들은 투기를 부정적으로 보고 신중함을 강조하는 성향을 띠었으므로 유한책임제의 입법화에 대하여 반대 견해를 굽히지 않았다.

그러나 파머스톤(Palmerston) 정부(1차: 1855~1858; 2차: 1859~1865)는 이런 가치관과 거리를 일정하게 두었다. 이전과는 달리 경제 성장에 정책의 우선순위를 두어야 한다는 주장이 널리 힘을 얻었다.[34] 그간 철도 네트워크와 증기선 회사들의 성공적인 여객선 운영은 영국 경제의 운송 능력을 크게 향상시켰고, 전신선의 부설은 통신 네트워크의 확장을 낳

33 Mill(1848); Gammage(1969); Schwarzkopf(1991); Loftus(2002), pp. 93~120.

34 Hilton(1998), ch. 7; Ziegler(2003).

았다. 운송과 통신 부문에서 발생한 가시적 성과는 주식회사 제도의 잠재적 장점을 대중에게 설득할 유용한 기회를 제공하였다. 확장주의적 성격의 경제 정책이 마련되기에 유리한 기반이 조성된 것이다.

1851년에 개막된 만국박람회는 확장주의 입장을 더욱 강화하는 역할을 하였다. 만국박람회를 통해 영국은 기술 수준을 만방에 과시하는 데 성공하였다. 하지만 다른 한편으로 만국박람회는 국가들이 서로의 기술 수준을 확인하고, 외국 기술의 도입을 도모하고, 새 기술을 개발하는 국제적 경쟁을 촉발하기도 하였다. 프랑스와 미국에서 점차 도입되고 있는 주식회사 제도의 잠재적 위력을 실감하면서 영국의 정책 입안가들은 후발국과의 경쟁에서 뒤처지지 않도록 자국 기업의 조직 구조를 개선해야만 한다는 인식을 키워 갔다.[35]

정부 입장에서는 그간 국내 자본이 해외로 투자처를 찾아 유출되는 상황에 대한 우려도 존재하였다. 해외 기업으로의 투자는 경쟁국들의 경제적, 군사적 경쟁력을 향상시킬 것이고, 이에 따라 국내에서는 과세 기준의 상향 조정이 필요해질 위험이 커지는 것이다. 주식회사 제도의 정비를 통해 자본의 해외 유출을 막을 수 있으리라는 기대를 정부가 품는 것은 당연한 일이었다.[36]

이상의 변화가 맞물리면서, 1850년대 들어 유한책임제를 포함하는 주식회사 제도의 광범위한 도입을 가능하게 하는 입법이 이루어질 수 있었다. 자본 조달상의 편의성, 여성과 노동자 계층의 경제 교육과 경

35 Freedeman(1993); Seavoy(1982); Auerbach(1999); Meyer(2006).
36 Taylor(2006), pp. 135~175.

제적 지위 향상에 유리하다는 견해의 확산, 성장에 우선순위를 두는 확장주의 성향의 정부 출현, 후발국의 경제적 및 기술적 추격에 대한 경계심 등이 결합하면서 1855년의 유한책임제 도입 입법화가 가능하게 된 것이다.

5. 맺는 글

요약

중상주의 시기인 16세기 후반부터 회사 설립을 정부가 허용하면서 내세운 기준은 '공익'이었다. 정부 개입의 축소가 초래할 위험성이라는 비용보다 국민에게 돌아가는 편익이 커야만 한다는 것이 기준의 구체적 내용이었다. 1690년부터 설립되기 시작한 비법인 회사에 대한 여론은 부정적이거나 최소한 유보적이었다. 경영의 투명성이 확보되지 못한 가운데 기업 부실화와 그에 따른 사회적 피해에 대한 우려가 팽배하였다. 독점적 성격의 기업들이 시장지배력을 지나치게 키울 위험에 대해서도 경계의 목소리가 높았다.

19세기 중반까지 영국에서 주식회사 제도의 도입이 지연된 데에는 1720년 남해회사 파산이 초래한 경제적 파탄과 그 후에도 경제적 붐이 찾아올 때마다 반복적으로 발생한 다양한 종류의 부실 경영의 사례들이 중요한 요인으로 작용하였다. 19세기 전반을 지나면서 소비자와 주주들에게 치명적 타격을 주는 허위 창업이나 기업 부실화의 사례가 다소 줄어들기는 하였지만, 대중과 정치권의 반응은 여전히 주식회사 제도의 도입에 미온적인 상황이 지속되었다.

이 연구는 신뢰와 품성의 파괴, 도덕적 해이, 부실화의 우려, 기술력에 대한 과장과 기만, 경쟁의 훼손과 독점의 폐해, 그리고 종교적 정당성의 결여와 같은 항목을 통해 기업에 대한 사회적 인식이 부실기업이 초래할 경제적 피해에 대한 우려에만 달린 것이 아님을 살펴보았다. 실제로는 그보다 훨씬 광범위한 요소들, 예를 들어 개인적 품성이 녹아있는 책임성 있는 개인과 그 결사체가 경제 행위의 주체가 되어야 한다는 믿음, 도덕적 해이와 방만한 경영을 중상주의적 구체제와 결합하는 사고방식, 기술 진보에 대한 맹신과 과장 광고가 유발할 사회적 악영향, 그리고 정당한 노동만이 보상받을 가치가 있다는 빅토리아 시기 노동관과 이를 강화한 복음주의적 종교관 등이 복합적으로 작용하였다.

1850년대에 이르러 주식회사 제도의 긍정적 기능에 대한 기대가 커지고, 주식회사 제도가 여성과 노동자의 경제 교육과 기업 활동 참여에 도움이 되리라는 믿음이 확산하였다. 여기에 후발 공업국들과의 경쟁심리가 작용하고 이것이 확장주의적 정책을 선호하는 정부의 등장과 맞물리면서 무한책임제의 입법화는 현실적 추동력을 획득하게 되었다.

기업혁명의 재조명

19세기 영국 경제는 주식회사 제도를 필요로 하지 않았는가? 산업혁명 초기에 기업들의 자본 수요는 소규모였다. 따라서 자기자본의 축적과 재투자라는 방식과 전통적인 파트너십을 활용한 자금 조달 방식이 이 시기 영국 경제의 발전에 심각한 장애가 되었다고 보기는 어렵다. 그러나 시간이 흐르면서 기업의 규모가 자연스럽게 확대되었고, 특히 운하, 철도, 광산 등의 부문에서 자본 수요는 눈에 띄게 증가해 갔다. 19세기 전반기를 지나면서 후발 공업국들의 추격이 시작되자 충분한 자본을 국내에 확보하는 것이 필요하다는 인식이 확대되었다. 영국 경제가 주식회사 제도를 필요로 하지 않았다는 주장은 이러한 사정을 충분히 고려하지 않은 것으로 볼 수 있다.

주식회사 제도의 도입 지연이 사회의 현실적 수요에 뒤진 사법부의 늑장 법제화 때문이라고 볼 수 있는가? 주식회사 설립과 관련된 입법화가 진행된 시기에도 실질적으로는 성공적인 설립 사례가 많지 않았다는 점, 그리고 부실 경영으로 인해 파산율이 높았다는 점을 고려한다면 이 주장도 설득력이 부족하다. 휘그적 해석이 지니는 한계가 여기에서도 나타난다고 볼 수 있다.

자유방임적 경제 체제에 관한 정부의 완고한 맹신과 유연하지 못한 경직적 태도가 문제의 핵심이었는가? 이를 부정하기는 어려울 것 같다. 물론 이익집단들의 상호 작용에 주목하는 연구가 더 바람직하다는 주장이 있지만, 현재까지 연구는 정부가 지닌 경제 이데올로기의 중요성

을 부인할 만한 증거를 확실히 제시하지 못하고 있다.[37]

그러나 주식회사 제도 도입을 둘러싼 당대의 논쟁과 여론 주도층의 인식을 살펴본 결과, 주식회사에 대한 사회적 불신과 거부감이 주식회사 도입이 지연된 더 근본적인 이유였다는 결론에 도달하게 된다. 각 경기 호황기에 회사 설립 활동과 그 성과를 보여 주는 통계치들은 사회적 불신과 거부감이 근거 없는 것이 아님을 보여 준다.

결국 영국 경제가 주식회사 제도를 더 일찍 받아들이지 못하게 된 데에는, 자유주의적 경제 이데올로기에 대한 완강한 믿음과 더불어 기존의 개인 기업을 대신하여 주식회사를 주도적 경제 주체로 받아들이기에는 사회적 신뢰가 부족하였다는 점이 크게 작용하였다고 볼 수 있다. 그리고 주식회사 도입의 지연은 19세기 전반기까지 세계의 공장으로서 굳건한 지위를 누렸던 영국이, 19세기 후반기에 제2차 산업혁명에 적극적으로 반응한 후발 공업국들에게 추격당하는 결과를 낳았던 것이다.

---

37 Harris(1997); Trenchmann(1998).

제8장
정리하는 글

혁명적이지 않은 혁명들

우리는 지금까지 근대 최초의 산업 국가라는 타이틀을 획득한 영국의 경제사를 살펴보았다. 산업혁명이라는 역사적 대전환이 발생하기까지 영국에서 진행되었던 일곱 개의 '혁명'들을 통해 근대 산업 사회의 구체적인 형성사를 탐구하였다. 이 혁명들은 진행 속도나 즉각적 영향의 측면에서 보자면 '혁명적'이었다고 보기 어렵다. 그러나 장기적으로 사회와 경제에 비가역적인 대전환을 가져왔다는 점에서는 분명 '혁명적'이었다고 평할 만하다. 이 책에서 '저속 혁명'이라는 용어를 사용한 이유가 바로 여기에 있다.

일곱 개의 혁명

이런 저속 혁명의 배경이 되었던 혁명들은 각각 어떤 양상을 보여주었나? 우선 18세기 초반에 펼쳐진 '금융혁명'은 남해회사 거품 사건을 중심으로 살펴보았다. 국채, 주식, 독점 무역권이 결합하는 전례 없는 정책적 상황 속에서 투기 과열과 금융공황이 발생하였다. 하지만 사태의 수습 과정은 대체로 무난하였고 경제가 입은 충격은 예상보다 제한적이었다. 비록 금융이 순탄하게 발달하지 못한 것은 분명하였지만 이것이 경제 발전에 중대한 장애가 될 정도는 아니었다.

'농업혁명'은 주로 인클로저 운동의 진행이라는 관점에서 논의가 되어 왔다. 그러나 농업 생산성을 높이는 요인들은 이보다 훨씬 다양하였고 각 요인이 효과를 보인 시기도 다양하였다. 농업이 산업혁명의 선행 조건이라고 볼 근거가 약하다는 주장에 힘을 실어 주는 결과다. 영국이 개방 경제에 가까웠다는 사실도 농업의 역할을 과대평가하지 말아야 한다는 주장에 힘을 실어 준다.

산업혁명 시기 기술의 발달은 중세 이래 이어져 온 장인적 전통에 기반한 것이 아니었다. 그렇다고 탄탄하게 축적된 기초과학에 기반해 이루어진 것도 아니었다. 이미 알려진 기본적 과학 원리를 잘 응용해 현실에 유용하게 쓰일 수 있는 기계를 만들고 운영하는 기술이야말로 영국이 보유하였던 비교우위였다. '지식혁명'의 계보는 계몽주의와 과학혁명을 한데 엮어 현실 사회에서 사람들의 복리를 증진하는 방향으로 맞춘 산업계몽주의로 이어졌다. 기술을 일종의 공공재로 여긴 범유럽적 집단지성 덕분에 영국의 발명가들은 혁신에 필요한 유용한 지식을 힘들지 않게 얻을 수 있었다.

1820년대와 1830년대는 정부의 운영 방식에 중대한 변화가 발생한 '정부혁명'의 시기였다. 다양한 사회 조사와 통계 자료 수집, 집계된 데이터에 기초한 입법 활동과 위원회 운영 등 과거와는 뚜렷하게 차별화되는 형태로 국가의 운영이 이루어졌다는 주장은 근거가 탄탄하다. 빈민법 개혁이나 공중보건의 사례에서 확인되듯이, 정부의 정책은 중앙화, 관료화, 정규화의 과정을 경험하였고, 통계학의 발달을 통해 사회문제에 대한 파악 능력을 괄목할 만하게 높였다.

'제도혁명'에 대한 논의는 특허 제도에 초점을 맞추었다. 그간 특허의 역사를 탐구한 학자들은 산업혁명 시기 기술 발달에 특허가 끼친 영향에 대해 서로 다른 견해를 펼쳐 왔다. 한편에서는 특허 제도의 내용이 불충분하고 사회적 인식이 뒤따르지 못해 혁신가들이 특허 제도에 의지하기 어려웠다고 주장한다. 다른 한편에서는 특허시장이 나름대로 잘 작동하였고 많은 혁신가가 특허 덕택에 발명을 늘릴 수 있었다고 말한다. 우리의 논의는 특허가 비록 불충분하기는 하였지만 어느 정도는 혁신 활동을 고양하는 데 긍정적 기여를 하였다는 결론으로 이어졌다.

산업혁명 시기 '기술혁명'의 원천은 무엇이었을까? 영국 특유의 요인만을 강조하는 예외주의적 접근법은 설명력이 부족하다. 노동과 에너지의 상대 가격이 영국 기업가에게 유리하게 작용하였다는 주장이 더 설득력이 크다. 후발 공업국을 포함한 서구 전체의 상황을 설명하려면 기술 발달에 친화적인 사회 분위기의 역할에 주목하게 된다. 사회적 장벽이 낮고 지식과 기술의 전파가 낮은 비용으로 이루어지는 포용적 환경이 공업화를 가능하게 만든 핵심 요인이었다.

영국은 최초의 산업 국가가 되었지만, 그 과정에서 '기업혁명'은 중요한 역할을 하지 못하였다. 영국 정부는 주식회사 제도를 1825년까지 100년 넘게 허용하지 않았고, 1830년대에 터진 철도 건설 거품은 주식회사에 대한 불신이 계속되도록 만들었다. 반복된 투기 과열과 기업의 도덕적 해이가 낳은 결과였다. 결국 1850년대가 지나서야 주식회사가 다시 등장할 수 있었다. 산업혁명 시기에 기업은 적지 않은 성과를 보였고 '세계의 공장'이라는 명성도 얻었지만, 근대적 기업의 등장과는 거리가 멀었다. 19세기 후반이 되면 새로운 기업 형태로 무장한 후발 공

업국들에게 경쟁력이 밀리는 결과로 이어졌다.[1]

1차 산업혁명과 4차 산업혁명

영국은 세계 최초로 산업혁명에 성공한 국가였다. 분명 근대에 가장 중요한 '혁명'을 이룬 국가였다. 그렇지만 우리가 살펴본 일곱 개의 혁명은 영국의 경제사가 일사불란한 양상을 띠고 진보를 해간 게 아님을 보여 주었다. 수많은 우연과 시행착오, 부실한 계획과 부적절한 관행, 미약한 개혁 움직임과 완고한 저항 움직임이 점철된 역사였다. 치밀한 기획, 철저한 개혁, 전면적 변화와는 거리가 한참 멀었다. 그래서 영국은 '저속 혁명'으로 만들어진 근대 국가라고 우리는 결론을 내릴 수 있다.

4차 산업혁명의 문턱을 넘어서고 있는 우리에게 일곱 혁명 이야기는 어떤 시사점을 던져 줄까?[2] 영국의 경제사는 산업혁명 시대를 설명하려면 기술 진보만 가지고는 심각하게 부족하다는 점을 말해 준다. 기술은 지식과 영향을 주고받고, 현실의 경제 구조를 바꾼다. 농업과 금융의 기능과 기업 구조도 변화시킨다. 정부의 역할과 운영 방식, 그리고 정부 정책에 영향을 받는 제도에도 중대한 변화가 발생한다. 4차 산업혁명 시대를 제대로 예측하려면, 사회와 경제의 다양한 측면과 수많은 변수가 어떻게 상호 작용을 해서 어떤 결과를 초래하였는가를 면밀

1 Turner(2025).
2 Schwab(2016).

히 살펴보아야 한다.

이런 면에서는 인공지능과 자율주행차가 중심이 되는 시기와 면공업과 석탄공업이 중심이었던 시기 사이에 근본적인 차이가 없다. 그리고 오늘날에도 여전히 미래에 대한 예측력의 부족, 집단 간의 이해관계 충돌, 정부 정책의 미비, 기술과 제도의 부조화와 같은 문제들이 곳곳에서 목격된다. 말하자면 우리도 오늘날 다층적인 저속 혁명의 시대를 살아가고 있는 셈이다. 200년 전에 첫 산업혁명이라는 세계사적 변화를 온몸으로 경험하며 살았던 영국인들과 마찬가지로 말이다.

참고문헌

송병건, 「직종 분화의 역사와 산업혁명의 재해석」, 『영국연구』, 12, 2004.

_____, 『영국 근대화의 재구성: 산업혁명, 사회변동과 직업 분화의 경제사, 1700-1900』, 서울: 해남, 2008a.

_____, 「영국의 인구 통제 체제와 산업혁명」, 『영국연구』, 18, 2008b.

_____, 「19세기 주식회사 제도 도입의 지연 요인」, 『영국연구』, 19, 2008c.

_____, 「농업혁명, 의회 인클로저와 농촌 사회의 변화, 1750-1850」, 『영국연구』, 23, 2010.

_____, 「남해회사 거품(South Sea Bubble)을 위한 변명」, 『영국연구』, 29, 2013.

_____, 『산업재해의 탄생: 직업병과 사고에 대한 산업사회 영국의 대응, 1750-1900』, 서울: 해남, 2015.

_____, 「산업혁명 시기 영국 기술 선도의 요인」, 『경제사학』, 62, 2016.

_____, 『지식혁명으로 다시 읽는 산업혁명: 영국 산업혁명의 지적·기술적 기원』, 서울: 해남, 2018.

_____, 『경제사: 세계화와 세계 경제의 역사』 제3판, 서울: 해남, 2019.

김종현, 『영국 산업혁명의 재조명』, 서울: 서울대학교출판부, 2006.

김호연, 「영국의 '농업혁명'에 관한 재검토」, 『서양사론』, 57, 1998.

드러커, 피터 지음, 이재규 옮김, 『자본주의 이후의 사회』, 서울: 한국경제신문사, 2002(원저: P. F. Drucker, *Post-Capitalist Society*, New York: HarperCollins, 1993).

양동휴, 『유럽의 발흥: 비교경제사 연구』, 서울: 서울대학교출판문화원, 2014.

이내주, 「군사혁명의 시대: 무기와 전술의 발전, 1560-1780」, 『국방과 기술』, 302, 2004.

_____, 『서양 무기의 역사』, 서울: 살림, 2006.

이영림·주경철·최갑수, 『근대 유럽의 형성 16-18세기』, 서울: 까치글방, 2011.

조남영, 「1720년 영국 남해회사 거품(South Sea Bubble)에 관한 연구」, 성균관대학교 경제학 석사학위논문, 2012.

헤드릭, 대니얼 R. 지음, 서순승 옮김, 『정보화 혁명의 세계사 1700-1850』, 서울: 너머북스, 2011(원저: D. R. Headrick, *When Information Came of Age: Technologies in the Age of Reason and Revolution, 1700-1850*, Oxford: Oxford University Press, 2000).

A'Hearn, B., "The British industrial revolution in a European mirror," R. Floud, J. Humphries, and P. Johnson, eds., *The Cambridge Economic History of Modern Britain*, Vol. 1: *1700-1870*, Cambridge: Cambridge University Press, 2014.

Alborn, T. L., *Conceiving Companies: Joint-Stock Politics in Victorian England*, London: Routledge, 1998.

Allen, R. C., *Enclosure and the Yeoman: The Agricultural Development of the South Midlands 1450-1850*, Oxford: Oxford University Press, 1992.

_____, "Progress and poverty in early modem Europe," *Economic History Review*, 56, 2003.

_____, *The British Industrial Revolution in Global Perspective*, Cambridge: Cambridge University Press, 2009.

_____, "Technology and the great divergence: global economic development since 1820," 2012.

_____, "The high wage economy and the industrial revolution: a restatement," *Economic History Review*, 68(1), 2015.

Ang, J. B., R. Banerjee, and J. B. Madsen, "Innovation and productivity advances in British agriculture: 1620-1850," *Southern Economic Journal*, 80(1), 2013.

Anon., *Companion to the Almanac*, London, 1841~5.

Antras, P. and H.-J. Voth, "Factor prices and productivity growth during the British industrial revolution," *Explorations in Economic History*, 38(1), 2003.

Arrow, K., "Economic welfare and the allocation of resources for invention," in NBER, *The Rate and Direction of Inventive Activity: Economic and Social Factors*, Princeton, NJ: Princeton University Press, 1962.

Auerbach, J. A., *The Great Exhibition of 1851: A Nation on Display*, New Haven, CT: Yale University Press, 1999.

Aylmer, G., "From office-holding to civil service: the genesis of modern bureaucracy," *Transactions of the Royal Historical Society*, 30, 1980.

Banks, S., "Nineteenth-century scandal or twentieth-century model? A new look at 'open' and 'close' parishes," *Economic History Review*, 41, 1988.

Barnett, V., *Kondratiev and the Dynamics of Economic Development*, London: Macmillan, 1998.

Berg, M., "The Genesis of useful knowledge," *History of Science*, 45, 2007.

Bessen, J., "The patents and the diffusion of technical information," *Economics Letters*, 86(1), 2005.

Black, I. S., "Spaces of capital: bank office building in the City of London, 1830-1870," *Journal of Historical Geography*, 26, 2000.

Bottomley, S., *The British Patent System during the Industrial revolution 1700-1852: From Privilege to Property*, Cambridge: Cambridge University Press, 2014a.

______, "Patenting in Scotland and Ireland during the industrial revolution,

1750-1852," *Explorations and Economic History*, 54(1), 2014b.

Brewer, J., *The Sinews of Power: War, Money and the English State, 1688-1783*, Cambridge, MA: Harvard University Press, 1988.

Broadberry, S. and B. Gupta, "Lancashire, India, and shifting comparative advantage in cotton textiles, 1700-1850: the neglected role of factor prices," *Economic History Review*, 62, 2008.

Broadberry, S. and K. O'Rourke, "Introduction to Volume 1," in S. Broadberry and K. O'Rourke, eds., *The Cambridge Economic History of Modern Europe*, Vol. 1: *1700-1870*, Cambridge: Cambridge University Press, 2010.

Brown, L., *The Board of Trade and the Free-Trade Movement 1830-42*, Oxford: Clarendon Press, 1958.

Brundage, A., *The Making of the New Poor Law 1832-39*, New Brunswick, NJ: Rutgers University Press, 1978.

Brunt, L., "An arbitrage model of crop rotation in eighteenth century England," *Oxford University Discussion Paper in Economic and Social History*, 32, 1999.

_____, "Nature or nurture? Explaining English wheat yields in the Industrial Revolution, c. 1770," *Economic History Review*, 64, 2004.

Buringh, E. and J. L. van Zanden, "Charting the 'rise of the west': manuscripts and printed books in Europe, a long-term perspective from the sixth through eighteenth centuries," *Journal of Economic History*, 69, 2009.

Butterfield, H., *The Origins of Modern Science 1300-1800*, New York: The Free Press, 1957.

Cantoni, D., "The economic effects of the Protestant Reformation: testing the Weber hypothesis in the German land," *Journal of the European Economic Association*, 13, 2015.

Caplan, M., "The new poor law and the struggle for union chargeability," *International Review of Social History*, 23, 1978.

Carlos, A. M. and L. Neal, "The micro-foundations of the early London capital market: Bank of England shareholders during and after the South Sea Bubble 1720-1725," *Economic History Review*, 59, 2006.

Carswell, J., *The South Sea Bubble*, London: Cresset Press, 1960.

Chapman, J. D., "The extent and nature of parliamentary enclosure," *Agricultural History Review*, 35, 1987.

Chambers, J. D. and G. E. Mingay, *The Agricultural Revolution 1750-1880*, London, 1966.

Clark, G., "Agricultural and Industrial Revolution, 1700-1850," in J. Mokyr, ed., *The British Industrial Revolution: An Economic Perspective*, Oxford: Westview, 1993.

_____, *A Farewell to Alms: A Brief Economic History of the World*, Princeton, NJ: Princeton University Press, 2009[1994].

_____, "The condition of the working-class in England, 1209-2004," *Journal of Political Economy*, 113, 2005.

Clark, G. and D. Jacks, "Coal and the Industrial Revolution," *European Review of Economic History*, 11(1), 2007.

Cookson, G., *The Age of Machinery: Engineering in the Industrial Revolution, 1770-1850*, London: Boydell and Brewer, 2018.

Corrado, C. A. and C. R. Hulton, "How do you measure a 'Technological Revolution'?," *American Economic Review*, 100, 2010.

Cowan, B., *Social Life of Coffee: The Emergence of the British Coffeehouse*, New Haven: Yale University Press, 2005.

Cowherd, R. G., *Political Economists and the English Poor Laws*, Athens, Ohio: Ohio University Press, 1977.

Crafts, N. F. R., *British Economic Growth During the Industrial Revolution*, Oxford: Oxford University Press, 1985.

_____, "Exogenous or endogenous growth?: the Industrial Revolution reconsidered," *Journal of Economic History*, 55, 1995.

_____, "The first Industrial Revolution: resolving the slow growth/rapid industrialization paradox," *Journal of the European Economic Association*, 3, 2005.

Crafts, N. F. R. and C. K. Harley, "Precocious British industrialisation: a general-equilibrium perspective," in L. P. de la Escosura, ed., *Exceptionalism and Industrialisation: Britain and Its Rivals, 1688-1815*, Cambridge: Cambridge University Press, 2004.

Cullen, M. J., *Statistical Movement in Early Victorian Britain: The Foundations of Empirical Social Research*, Hassocks: Harvester Press, 1975.

Dale, R. S., *The First Crash: Lessons from the South Sea Bubble*, Princeton: Princeton University Press, 2004.

Dale, R. S., J. E. V. Johnson, and L. Tang, "Financial markets can go mad: evidence of irrational behavior during the South Sea bubble," *Economic History Review*, 58, 2005.

Daunton, M., *Trusting Leviathan-The Politics of Taxation in Britain, 1799-1979*, Cambridge: Cambridge University Press, 2001.

Davidoff, L. and C. Hall, *Family Fortunes' Men and Women of the English Middle Class, 1780-1850*, Chicago: University of Chicago Press, 1987.

Day, L. and I. McNeil, *Biographical Dictionary of the History of Technology*,

London: Routledge, 1996.

Deane, P. and W. A. Cole, *British Economic Growth 1688-1959*, Cambridge: Cambridge University Press, 1962.

Dickson, P. G. M., *The Financial Revolution in England: A Study in the Development of Public Credit, 1688-1756*, London: Macmillan, 1967.

Dittmar, J. E., "Information technology and economic change: the impact of the printing press," *Quarterly Journal of Economics*, 126(3), 2011.

Dowey, J., "Mind over matters: access to knowledge and the British Industrial Revolution," unpublished PhD thesis, LSE, 2107.

Dutton, H. I., *The Patent System and Inventive Activity during the Industrial Revolution*, Oxford: Oxford University Press, 1984.

Eastwood, D., "'Amplifying the province of the legislature': the flow of information and the English state in the early nineteenth century," *Historical Journal*, 62, 1989.

_____, "Men, morals and the machinery of social legislation," *Parliamentary History*, 13(2), 1994.

_____, "Communities, protest and police in early nineteenth-century Oxfordshire: the enclosure of Otmoor reconsidered," *Agricultural History Review*, 44, 1996.

Eltis, D. *et al*., eds., *The Trans-Atlantic Slave Trade: A Database on CD-ROM*, Cambridge: Cambridge University Press, 1999.

Eltis, D. and D. Richardson, "A new assessment of the transatlantic slave trade," in D. Eltis and D. Richardson, eds., *Extending the Frontiers: Essays on the New Transatlantic Slave Trade Detabase*, New Haven, CT: Yale University Press, 2008.

English, H., *A Complete View of the Joint Stock Companies Formed During the Years 1824 and 1825*, London, 1827.

Epstein, S. R., "Property rights to technical knowledge in premodern Europe, 1300-1800," *American Economic Review*, 94(2), 2004.

Ernie, Lord, *English Farming Past and Present*, London, 1912.

Escosura, L. P. de la., ed., *Exceptionalism and Industrialisation: Britain and Its European Rivals, 1688-1815*, Cambridge: Cambridge University Press, 2004.

Evans, C. and A. Withey, "An enlightenment in steel?: innovation in the steel trades of eighteenth-century Britain," *Technology and Culture*, 53(3), 2012.

Evans, G. H., *British Corporate Finance, 1775-1850: A Study of Preference Shares*, Baltimore, 1936.

Feinstein, C., "Capital accumulation and the industrial revolution," in R. Floud and D. McCloskey, eds., *The Economic History of Britain since 1700*, Vol. 1: *1700-1860*, Cambridge: Cambridge University Press, 1981.

Ferrone, V., *The Enlightenment: History of an Idea*, Princeton: Princeton University Press, 2017.

Finn, M. C., *The Character of Credit: Personal Debt in English Culture, 1740-1914*, Cambridge: Cambridge University Press, 2003.

Fox, C., *The Arts of Industry in the Age of Enlightenment*, New Haven CT: Yale University Press, 2009.

Freedeman, C., *The Triumph of Corporate Capitalism in France, 1867-1914*, Rochester, NY: University of Rochester Press, 1993.

Freeman, M., R. Pearson, and J. Taylor, "Law, politics and the governance of English and Scottish joint-stock companies, 1600-1850," *Business History*,

55(4), 2013.

Frehen, R. G. P., W. N. Goetzmann, and K. G. Rouwenhorst, "New evidence on the first financial bubble," *Journal of Financial Economics*, 108, 2013.

Gammage, R. C., *The History of Chartist Movement, 1837-1854*, London: Merlin Press, 1969.

Garber, P. M., "Famous first bubbles," *Journal of Economics Perspectives*, 4, 1990.

Gerschenkron, A., *Economic Backwardness in Historical Perspective*, Cambridge, MA: Harvard University Press, 1962.

Ginter, D. E., *A Measure of Wealth: The English Land Tax in Historical Analysis*, London: Hambledon Press, 1992.

Goldman, L., "The origins of British 'social science': political economy, natural science and statistics, 1830-5," *Historical Journal*, 26, 1983.

Golinski, J., *Science as Public Culture: Chemistry and Enlightenment in Britain, 1760-1820*, Cambridge: Cambridge University Press, 1992.

Haines, R., J. MacDonald, and R. Schlomowitz, "Mortality and voyage length in the Middle Passage revisited," *Explorations in Economic History*, 38, 2001.

Hammond, J. L. and B. Hammond, *The Village Labourer*, London, 1911.

Harris, R., "The Bubble Act: its passage and its effects on business organization," *Journal of Economic History*, 54, 1994a.

_____, "Industrialization without free incorporation: the legal framework of business organization in England, 1720-1844," unpublished PhD thesis, Columbia University, 1994b.

_____, "Political economy, interest groups, legal institutions, and the repeal of the Bubble Act in 1825," *Economic History Review*, 50, 1997.

_____, "Government and the Industrial Revolution: a macro view," in R. Floud and P. Johnson, eds., *The Cambridge Economic History of Modern Britain*, Vol. 1: *Industrialization, 1700-1860*, Cambridge: Cambridge University Press, 2004.

Harrison, P., "Rational equity valuation at the time of the South Sea bubble," *History of Political Economy*, 33, 2001.

_____, "What can we learn for today from 300-year-old writings about stock markets?," *History of Political Economy*, 36, 2004.

Headrick, D. R., *When Information Came of Age: Technologies in the Age of Reason and Revolution, 1700-1850*, Oxford: Oxford University Press, 2000.

Henrique, U. R. Q., "How cruel was the Victorian poor law?," *Historical Journal*, 11, 1968.

Herman, A., *How the Scots Invented the Modern World: The True Story of How Western Europe's Poorest Nation Created Our World & Everything in It*, New York: Crown Publishing Group, 2001.

Hilton, B., *The Age of Atonement: The Influence of Evangelicalism on Social and Economic Thought, 1785-1830*, Oxford: Clarendon Press, 1998.

Hinde, A., *England's Population*, Oxford: Oxford University Press, 2003.

Hoppit, J., *The Land of Liberty? England 1689-1727*, Oxford: Oxford University Press, 2000.

_____, "The myths of the South Sea bubble," *Transactions of the Royal Historical Society*, 12, 2002.

_____, "Political power and British economic life, 1650-1870," in R. Floud, J. Humphries, and P. Johnson, eds., *The Cambridge Economic History of Modern Britain*, Vol. 1: *1700-1870*, Cambridge: Cambridge University Press, 2010.

Horsefield, J. K., "'The Stop of Exchequer' revisited," *Economic History Review*, 35, 1982.

House of Commons, *The Sixth Session of the First Parliament of King George I, The History and Proceedings of the House of Commons, 1660-1743*, Vol. 6, London, 1720.

House of Lords, *The History and the Proceedings of the House of Lords, with the debates and protests therein, from the Accession of King George the First, Anno 6. Geo I*, London, 1720.

Hulton, C. R., "Growth accounting," in H. Brownyn, H. Hall, and N. Rosenberg, eds., *Handbook of the Economics of Innovation*, Vol. 2, Amsterdam: Elsevier, 2010.

Humphries, J., "Enclosure, common rights, and women: the proletarianization of families in the late eighteenth and early nineteenth centuries," *Journal of Economic History*, 50, 1990.

Hunt, B. C., *The Development of the Business Corporation in England, 1800-1867*, Cambridge, MA: Harvard University Press, 1936.

Jacob, M. C., *Scientific Culture and the Making of the Industrial West*, 2nd edn., Oxford: Oxford University Press, 1997.

______, "Mechanical science of the factory floor," *History of Science*, 45(2), 2007.

Jacob, M. C. and L. Stewart, *Practical Matter: Newton's Science in the Service of Industry and Empire, 1687-1851*, Cambridge, MA: Harvard University Press, 2005.

Jones, E. L., *Agriculture and the Industrial Revolution*, Oxford: Basil Blackwell, 1974.

Jones, P. M., *Industrial Enlightenment: Science, Technology, and Culture in*

Birmingham and the West Midlands, 1760-1820, Manchester: Manchester University Press, 2008.

Kerridge, E., *The Agricultural Revolution*, London: Allen & Unwin, 1967.

Kindleberger, C. P. and R. Z. Aliber, *Manias, Panics and Crashes: A History of Financial Crisis*, Hoboken, NJ: John Wiley & Sons, 2005.

King, P., "Customary rights and women's earnings: the importance of gleaning to the rural labouring poor," *Economic History Review*, 44, 1991.

Kitch, E., "The nature of resources for invention," *Journal of Law and Economics*, 20(2), 1997.

Kleer, R. A., "Riding a wave: the Company's role in the South Sea Bubble," *Economic History Review*, 68(1), 2015.

Kodratieff, N. D. and W. F. Stolper, "The long waves in economic life," *Review of Economics and Statistics*, 17, 1935.

Komlos, J., "The Industrial Revolution as the escape from the Malthusian trap," *Journal of European Economic History*, 29(2-3), 2000.

Lazonick, W., "Karl Marx and enclosures in England," *Review of Radical Political Economy*, 6, 1974.

Lenman, B. P., *Enlightenment and Change: Scotland 1746-1832*, 2nd edn., Edinburgh: Edinburgh University Press, 2009.

Lerner, J., "150 years of patent protection," NBER Working Paper 8977, 2002.

_____, "The empirical impact of intellectual property rights on innovation: puzzles and clues," *American Economic Review*, 99(2), 2009.

Linneman, P. D., "An econometric examination of the English parliamentary enclosure movement," *Explorations in Economic History*, 15, 1978.

Loftus, D., "Capital and community: limited liability and attempts to democratize the market in mid-nineteenth-century England," *Victorian Studies*, 45, 2002.

MacDonagh, O., "The nineteenth-century revolution in government: a reappraisal," *Historical Journal*, 1, 1958.

MacKay, C., *Extraordinary Popular Delusions and the Madness of Crowds*, London, 1841.

MacLeod, C., *Inventing the Industrial Revolution*, Cambridge: Cambridge University Press, 1988.

_____, "Negotiating the rewards of invention: the shop-floor inventor in Victorian Britain," *Business History*, 41(1), 1999.

_____, "The European origins of British technological predominance," in L. Prados de la Escousura, ed., *Exceptionalism and Industrialisation: Britain and its European Rivals, 1688-1815*, Cambridge: Cambridge University Press, 2004.

_____, *Heroes of Invention: Technology, Liberalism and British identity, 1750-1914*, Cambridge: Cambridge University Press, 2007.

MacLeod, C., J. Tann, J. Andrew, and J. Stein, "Evaluating inventive activity: the cost of nineteenth-century UK patents and the fallability of renewal data," *Economic History Review*, 56(3), 2003.

Madsen, J. B., J. B. Ang, and R. Banerjee, "Four centuries of British economic growth: the role of technology and population," *Journal of Economic Growth*, 15, 2010.

Mandler, P., "The making of the new poor law redivivus," *Past an Present*, 117, 1987.

Mansfield, E., M. Schwartz, and S. Wagner, "Imitation costs and patents: an empirical study," *Economic Journal*, 91, 1981.

McColloch, W. E., "A shackled revolution? The Bubble Act and financial regulation in eighteenth-century England," *Review of Keynesian Economics*, 1(3), 2013.

Meisenzahl, R. and J. Mokyr, "The rate and direction of invention in the British Industrial Revolution: incentives and institutions," NBER Working Paper 16993, 2011.

Meyer, J., *Great Exhibitions: London-New York-Paris-Philadelphia, 1851-1900*, London: Antique Collectors 1 Club, 2006.

Mill, J. S., *Principles of Political Economy*, London, 1848.

_____, *Considerations on Representative Government*, Cambridge: Cambridge University Press, 2010[1861].

Mills, D. R. and R. M. Short, "Social change and social conflict in nineteenth-century England: the use of the open-close village model," in M. Reed and R. Wells, eds., *Class, Conflict and Protest in the England Countryside, 1700-1800*, London: Cass, 1990.

Mirowski, P., "The rise (and retreat) of a market- English joint-stock shares in the eighteenth century," *Journal of Economic History*, 41, 1981.

Misa, T., *Technology and Culture from the Renaissance to the Present*, 2nd edn., Baltimore, MD: Johns Hopkins University Press, 2011.

Mokyr, J., *The Lever of Riches: Technological Creativity and Economic Progress*, Oxford: Oxford University Press, 1990a.

_____, "The Industrial Revolution and the economic history of technology: lessons from the British experience, 1760-1850," *Quarterly Journal of Economics and Finance*, 41, 1990b.

_____, "The intellectual origin of modern economic growth," *Journal of Economic*

History, 65(2), 2005.
_____, *The Enlightened Economy*, New Haven: Yale University Press, 2009a.
_____, "Intellectual property rights, the Industrial Revolution, and the beginning of modern economic growth," *American Economic Review*, 99(2), 2009b.
Morgan, E. V. and W. A. Thomas, *The Stock Exchange: Its History and Functions*, London: Elek Books, 1969.
Moser, P., "How do patent laws influence innovation?," *American Economic Review*, 94(4), 2005.
_____, "Patents and innovation: evidence from economic history," *Journal of Economic Perspectives*, 27(1), 2013.
Muldrew, C., *The Economy of Obligation: The Culture of Credit and Social Relations in Early Modem England*, New York: St Martin's Press, 1998.
Neal, L., *The Rise of Financial Capitalism: International Capital Markets in the Age of Reason*, Cambridge: Cambridge University Press, 1990.
Neeson, J., *Commoners: Common Rights, Enclosure and Social Change in England, 1770-1820*, Cambridge: Cambridge University Press, 1993.
Nicholas, T., "Enterprise and management," in R. Floud and P. Johnson, eds., *Cambridge Economic History of Modern Britain*, Vol. 2: *Economic Maturity, 1860-1939*, Cambridge: Cambridge University Press, 2004.
North, D. C., *Structure and Change in Economic History*, New York: Norton, 1982.
North, D. C. and R. Thomas, *The Rise of the Western World: A New Economic History*, Cambridge: Cambridge University Press, 1981[1973].
North, D. C. and B. R. Weingast, "Constitutions and commitment: the evolution of institutions governing public choice in seventeenth-century England,"

Journal of Economic History, 49, 1989.

Nuvolari, A. and V. Tartari, "Bennet Woodcroft and the value of English patents, 1617-1841," *Explorations in Economic History*, 48(1), 2011.

Outram, D., *The Enlightenment*, Cambridge: Cambridge University Press, 1995.

Overton, M., "The determinants of crop yields in early modem England," in B. M. S. Campbell and M. Overton, eds., *Land, Labour and Livestock: Historiad Studies in European Agricultural Productivity*, Manchester: Manchester University Press, 1991.

_____, *Agricultural Revolution in England: The Transformation of the Agrarian Economy 1500-1850*, Cambridge: Cambridge University Press, 1996.

Parliamentary Papers, VII, *Select Committee to Inquire into the State of the Laws Respecting Joint Stock Companies*, 1844.

_____, XXVII, *Royal Commission on the Law of Partnership*, 1854.

Parris, H., "The nineteenth-century revolution in government: a reappraisal reappraised," *Historical Journal*, 3, 1960.

Patterson, M. and D. Reiffen, "The effect of the Bubble Act on the market for joint stock shares," *Journal of Economic History*, 50, 1990.

Paul, H. J., "The South Sea Company's slaving activities," Economic History Society Annual Conference, 2004.

_____, *The South Sea Bubble: An Economic History of Its Origins and Consequences*, London: Routledge, 2010.

_____, "Limiting the witch-hunt: recovering from the South Sea bubble," Centre for Economic Policy Research, 4th International Conference of Past, Present and Policy, Geneva, 2011.

Pearson, R., "Shareholder democracies? English stock companies and the politics of corporate governance during the Industrial Revolution," *English Historical Review*, 117, 2002.

Perkin, H., *The Origins of Modern English Society 1780-1880*, 2nd edn., London: Routledge, 2002.

Persson, K. G. and P. Sharp, *An Economic History of Europe*, 2nd edn., Cambridge: Cambridge University Press, 2015.

Phillips, J., "The English patent as a reward for invention: the importation of an idea," *Journal of Legal History*, 3(1), 1982.

Plumb, J. H., *Sir Robert Walpole: The Making of a Statesman*, London: Cresset, 1956.

Pomeranz, K., *The Great Divergence: China, Europe and the Making of the Modern World Economy*, Princeton: Princeton University Press, 2001.

Porter, R., *English Society in the Eighteenth Century*, Middlesex: Penguin, 1984.

_____, *Enlightenment: Britain and the Creation of the Modern World*, London: Penguin, 2000.

Pretel, D. and P. Saiz, "Patent agents in the European periphery: Spain 1826-1902," *History of Technology*, 31, 2012.

Quinn, J. S., "Money, finance and capital markets," in R. Floud and P. Johnson, eds., *Cambridge Economic History of Modern Britain*, Vol. 1: *Industrialisation, 1700-1860*, Cambridge: Cambridge University Press, 2004.

Renneboogm, L. and C. Spaenjers, "Religion, economic attitude, and household finance," *Oxford Economic Paper*, 64(1), 2012.

Richardson, D., "The costs of survival: the transport of slaves in the Middle Passage and the profitability of the 18th-century British trade," *Explorations in Economic History*, 24, 1987.

Roberts, D., "How cruel was the Victorian poor law?," *Historical Journal*, 6, 1963.

Rodrik, D., *One Economics, Many Recipes: Globalization, Institutions, and Economic Growth*, Princeton, NJ: Princeton University Press, 2008.

Rostow, W. W., "The stages of growth," *Economic History Review*, 12, 1959.

Schofield, R. E., *The Lunar Society of Birmingham: A Social History of Provincial Science and Industry in Eighteenth-Century England*, Oxford: Clarendon Press, 1963.

Schumpeter, J. A., "Economic theory and entrepreneurial history," R. R. Wohl, ed., *Change and the Entrepreneur: Postulates and the Patterns for Entrepreneurial History*, Cambridge, MA: Harvard University Press, 1949.

_____, *Capitalism, Socialism and Democracy*, London: Routledge, 1994[1942].

Schwab, K., *The Fourth Industrial Revolution*, Geneva: World Economic Forum, 2016.

Schwarzkopf, J., *Women in the Chartist Movement*, New York: St Martins Press, 1991.

Seavoy, R. E., *The Origins of the American Business Corporation, 1784-1855*, Westport, CT: Greenwood Press, 1982.

Shannon, H. A., "The coming of general limited liability," *Economic History Review*, 2, 1931.

Shapin, S., *The Scientific Revolution*, Chicago: University of Chicago Press, 1996.

Shaw-Taylor, L., "Labours, cows, common rights and parliamentary enclosure: the evidence of contemporary comment c. 1760-1810," *Past & Present*, 171, 2001.

_____, "Family farms and capitalist farms in mid-nineteenth century England,"

Agricultural History Review, 53, 2005.

Shiller, R. J., *Irrational Exuberance*, Princeton, NJ: Princeton University Press, 2000.

Simson, A. W. B., *Victorian Law and the Industrial Spirit*, London: Selden Society, 1995.

Skempton, A. W. *et al.*, *A Biographic Dictionary of Civil Engineers in Great Britain and Ireland*, Vol. 1: *1500-1830*, London: Thomas Telford for the Institution of Civil Engineers, 2002.

Smiles, S., *Lives of the Engineers: The Steam Engine*, London: John Murrey, 1874.

______, *Men of Invention and Industry*, London: John Murray, 1884.

______, *Industrial Biography: Iron-workers and Tool Makers*, London: John Murray, 1889.

Smith, A., *An Inquiry into the Nature and Causes of the Wealth of Nations*, London, 1776.

Smith, D. S., "The mid-Victorian reform of Britain's company laws and the moral economy of fair competition," *Enterprise and Society*, 22(4), 2021.

Sokoloff, K., "Inventive activity in early industrial America: evidence from patent records, 1790-1846," *Journal of Economic History*, 48(4), 1988.

Song, B. K., "Landed interest, local government, and the labour market in England, 1750-1850," *Economic History Review*, 51(3), 1988.

______, "Parish typology and the operation of the poor laws in early nineteenth-century Oxfordshire," *Agricultural History Review*, 50, 2002.

Spencer, D., "Reformulating the 'closed' parish thesis: associations, interests, and interactions," *Journal of Historical Geography*, 26, 2000.

Sperling, J. G., *The South Sea Company: An Historical Essay and Bibliographical*

Finding List, Cambridge, MA: Harvard University Press, 1967.

Statman, A., *A Global Enlightenment: Western Progress and Chinese Science*, Chicago: University of Chicago Press, 2023.

Stewart, L., "The selling of Newton: science and technology in early eighteenth-century England," *Journal of British Studies*, 25(2), 1986.

_____, *The Rise of Public Science*, Cambridge: Cambridge University Press, 1992.

Sullivan, R. J., "The revolution of ideas: widespread patenting and invention during the English industrial revolution," *Journal of Economic History*, 50(2), 1990.

_____, "Estimates of the value of patent rights in Great Britain and Ireland, 1852-1876," *Economica*, 61(241), 1994.

Sunderland, D., *Social Capital, Trust and the Industrial Revolution, 1780-1880*, London: Routledge, 2007.

Sylla, R. and G. Toniolo, eds., *Patterns of European Industrialization: The Nineteenth Century*, London: Routledge, 1991.

Taylor, J., *Creating Capitalism: Joint-Stock Enterprise in British Politics and Culture, 1800-1870*, London: Royal Historical Society, 2006.

Temin, P. and H.-J. Voth, "Riding the South Sea Bubble," *American Economic Review*, 94, 2004.

Thompson, E. P., *Customs in Common: Studies in Traditional popular Culture*, London: Merlin Press, 1991.

Thompson, F. M. L., "The second agricultural revolution, 1815-1880," *Economic History Review*, 21, 1968.

Thursk, J., *England's Agricultural Regions and Agrarian History, 1500-1750*, London: Macmillan, 1987.

Todd, G., "Some aspects of joint stock companies, 1844-1900," *Economic History Review*, 4, 1932.

Toynbee, A., *Lectures on the Industrial Revolution in England*, London, 1884.

Trenchmann, F., "Political culture and political economy: interest, ideology and free trade," *Review of International Political Economy*, 5, 1998.

Trinidad, A. M. O., "Goodbye Washington Consensus, hello Washington confusion?: a review of the World Bank's Economic Growth in the 1990s: Learning from a Decade of reform," *Journal of Economic Literature*, 44, 2006.

Turner, J. D., "Three centuries of corporate governance in the United Kingdom," *Economic History Review*, 78(1), 2025.

Turner, M. E., *English Parliamentary Enclosure*, Folkestone: Dawson, 1980.

_____, "English open fields and enclosures: retardation or productivity improvements," *Journal of Economic History*, 46, 1986.

Tylrcote, A., *The Long Wave in the World Economy: The Current Crisis in Historical Perspective*, London: Routledge, 1991.

Uglow, J., *The Lunar Men: Five Friends Whose Curiosity Changed the World*, London: Faber & Faber, 2002.

Voigtlander, N. and H.-J. Voth, "Why England?: demographic factors, structural change and physical capital accumulation during the Industrial Revolution," *Journal of Economic Growth*, 11, 2006.

Walton, J. R., "Aspects of agrarian changes in Oxfordshire, 1750-1880," unpublished DPhil thesis, University of Oxford, 1976.

Waterman, A. M. C., *Revolution, Economics and Religion: Political Economy, 1798-1833*, Cambridge: Cambridge University Press, 1991.

Weiss, B., *The Hell of the English Bankruptcy and the Victorian Novel*, Lewisburg: Bucknell University Press, 1986.

Wennerlind, C., *Casualties of Credit: The English Financial Revolution*, Cambridge, MA: Harvard University Press, 2011.

Winch, D., "The science of the legislator: the Enlightenment heritage," in M. J. Lacey and M. Furner, eds., *The State and Social Investigation in Britain and the United States*, Cambridge: Cambridge University Press, 1993.

Woodcroft, B., *Chronological Index of Patents, 1617-1852*, London: Eyre & Spottiswoods, 1854.

_____, *Patents for Invention: Reference Index, 1617-1853*, London: Eyre & Spottiswoods, 1855.

World Bank, *Economic Growth in the 1990s: Lessons from a Decade of Reform*, 2005.

Yelling, J. A., *Common Fields and Enclosure in England 1450-1850*, London: Macmillan, 1977.

Ziegler, P. L., *Palmerston*, New York: Palgrave, 2003.

찾아보기

[ㅁ]

[ㅂ]